중국교육부 국가한판
HNK
한중상용한자능력시험 공식교재

신나는 한자

5급

(사)한중문자교류협회 연구소 편저

중국교육부 국가한판

HNK 한중상용한자능력시험
공식교재

신나는 한자 5급

지은이 (사)한중문자교류협회 연구소
펴낸이 정규도
펴낸곳 (주)다락원

초판 1쇄 인쇄 2018년 6월 10일
초판 2쇄 발행 2021년 9월 24일

총괄편집 황미라

디자인 정현석

다락원 경기도 파주시 문발로 211
내용 문의: (02)736-2031 내선 291~294
구입 문의: (02)736-2031 내선 250~252
Fax: (02)732-2037
출판등록 1977년 9월 16일 제300-1977-23호

Copyright© 2018, (사)한중문자교류협회 연구소

저자 및 출판사의 허락 없이 이 책의 일부 또는 전부를 무단 복제·전재·발췌할 수 없습니다. 구입 후 철회는 회사 내규에 부합하는 경우에 가능하므로 구입문의처에 문의하시기 바랍니다. 분실·파손 등에 따른 소비자 피해에 대해서는 공정거래위원회에서 고시한 소비자 분쟁 해결 기준에 따라 보상 가능합니다. 잘못된 책은 바꿔 드립니다.

정가 14,000원
ISBN 978-89-277-7104-3 13720

홈페이지 및 문의처
www.hnktest.com / www.hskhnk.com (02)837-9645

우리는 한자 공부를 왜 하는 것일까요?

우리는 한자 공부를 왜 하는 것일까요?

한자를 학습하는 것은
첫째, 우리말의 뜻을 제대로 알기 위함입니다.
한자를 제대로 학습하면 학년이 올라갈수록 어려워지는 학습용어를 쉽게 이해할 수 있게 되므로 공부에 흥미가 더해질 것입니다.

둘째, 중국어 학습의 기본을 다지기 위함입니다.
한글을 받아쓰고, 영어의 알파벳을 익혔듯, 한자를 익히는 것도 중국어를 공부하는 데 있어 기본적으로 필요한 과정입니다. 그런데 중국에서는 우리나라에서 쓰는 한자와는 다른 낯선 글자인 간체자를 씁니다. 따라서 한국 한자는 물론 간체자를 익히는 것도 중요합니다.

여러분!
자! 지금부터
한자 공부 제대로 해서
중국에서 공인한 한자시험인 '한자능력고시(汉字能力考试)'에 도전해 봅시다!

〈이 책을 통해〉

하나, 각 급별 한중상용한자의 훈과 음을 밝히고, 번체자와 간체자까지 함께 익힐 수 있습니다.

둘, 단계별 학업 성취를 느끼며 반복 학습할 수 있습니다.

셋, 한자의 기본 실력뿐 아니라 중국어 어휘의 기초를 다질 수 있습니다.

넷, 다양한 예문을 통해 한국사·과학·사회 등 교과 학습용어의 이해를 높일 수 있습니다.

다섯, 예상문제를 통해 국제공인 한자자격증을 취득할 수 있습니다.

사단법인 한중문자교류협회 연구소

이런 내용이 들어있어요!

한자 공부는 왜 하는 것일까요?　_3
이렇게 구성되어 있어요　_6
HNK 국제공인 한자능력시험이란?　_8
HNK 시험 안내　_10
5급 배정한자 모아보기　_12

한자 터잡기	22

UNIT 1	27	UNIT 2	34	UNIT 3	41
UNIT 4	48	UNIT 5	55	UNIT 6	62
UNIT 7	69	UNIT 8	76	UNIT 9	83
UNIT 10	90				

교과서 한자어 참뜻 알기	97
사자성어 알기	103
반의자・유의자 알기	106
간체자 알기	110

한자 다지기　　　　　　　　　　　　　　　　112

UNIT 1	114	UNIT 2	117	UNIT 3	120
UNIT 4	123	UNIT 5	126	UNIT 6	129
UNIT 7	132	UNIT 8	135	UNIT 9	138
UNIT 10	141				

사자성어 익히기	144
반의자 • 유의자 익히기	154
정답	158

예상문제　　　　　　　　　　　　　　　　162

| 예상문제 1회 | 164 | 예상문제 2회 | 168 | 예상문제 3회 | 172 |
| 예상문제 4회 | 176 | 예상문제 5회 | 180 | | |

| 정답 | 184 |

이렇게 구성되어 있어요!

한자의 재미가 팡팡!
가로세로 낱말퍼즐을 통해 과에서 배울 한자를 미리 보고, 그 쓰임을 이해해 보세요.

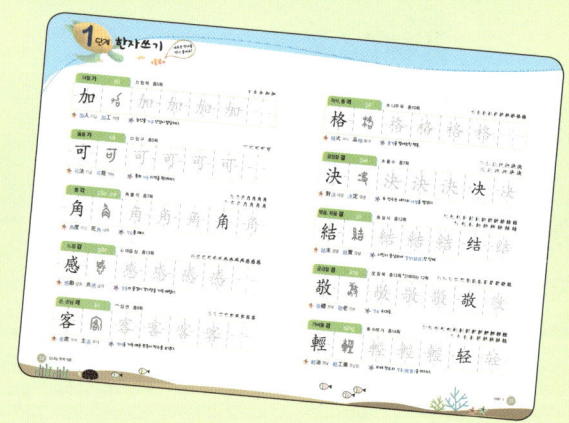

한자 기초를 꼼꼼하게!
한자의 뜻과 음, 획순 등 한자에 대한 기초 정보가 다 수록되어 있어 한자의 기초를 꼼꼼하게 이해할 수 있어요. 여기에 한자의 옛모양도 제시하여, 한자에 대한 재미를 느낄 수 있습니다. 무엇보다 교과서 한자어와 예문까지 실려 있어 한자를 통해 국어 어휘력이 쑥쑥 자라납니다.

우리말 어휘력도 쑥쑥!
교과서 속 한자어의 참뜻을 익혀서 학과 공부도 쉽고 재미있게 할 수 있어요. 여기에 사자성어와 유의어, 반의어까지 익히면서 우리말 실력도 쑥쑥 자랍니다.

중국어 기초도 한번에!
한중상용한자를 익히면서 중국어 간체자 모양과 발음까지 한번에 배울 수 있어, 중국어 학습의 기초를 쉽고 빠르게 다질 수 있습니다.

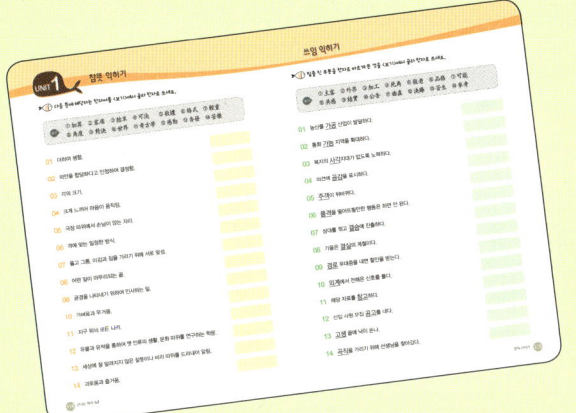

한자 실력을 단단하게!

뜻과 음은 기본, 구성되는 한자어의 참뜻과 예문에서의 활용까지 확인할 수 있어요. 다양한 문제를 통해 한자 실력을 한층 더 단단하게 다질 수 있습니다.

국제공인 한자자격증도 거뜬하게!

HNK 한중상용한자능력시험 예상문제를 풀어보세요. 다양한 예상문제를 통해 국제공인 한자자격증을 쉽게 취득할 수 있습니다.

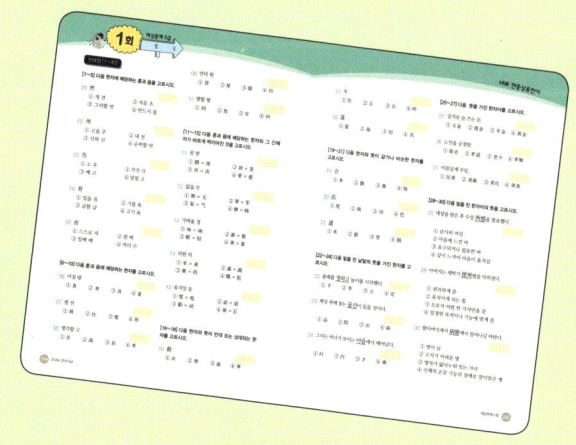

HNK Hànzì nénglì kǎoshì 汉字能力考试이란?

중국교육부 국가한판(国家汉办, HANBAN)에서 공인한 글로벌 한자능력시험입니다.

1. HNK의 특징

한자의 이해와 활용도가 높은 한자시험

- 교과서에 나오는 주요개념과 용어를 정확하게 이해하고 활용하게 합니다.
  따라서 표현력과 사고력, 논리력은 물론 학과 성적도 쑥쑥 올라가게 합니다.

중국어 공부가 훨씬 쉬워지는 한자시험

- 간체자 동시학습으로 중국어 능력을 향상시킵니다.
  중국 상품 설명서나 중국어 어휘와 문장의 뜻을 해독할 수 있는 능력이 길러집니다.

2. HNK의 혜택

성적 우수자 및 지도교사 중국 국비 장학 연수

- 중국內 체류비용 (학비, 기숙사비, 문화탐방비 혜택) 지원
- 기간 : 하계/동계 방학 중 1주~2주 이내
- 장소 : 북경어언대학, 하문대학, 남개대학, 귀주대학 外
- 대상 : 초등학생~성인

3. HNK의 활용

한국 소재 대학(원) 및 특목고 입학 자료
중국 정부장학생 선발 기준
공자아카데미 장학생 선발 기준
중국 대학(원) 입학 시 추천 자료
각급 업체 및 기관의 채용·승진 평가 자료

4. HNK 자격증 견본

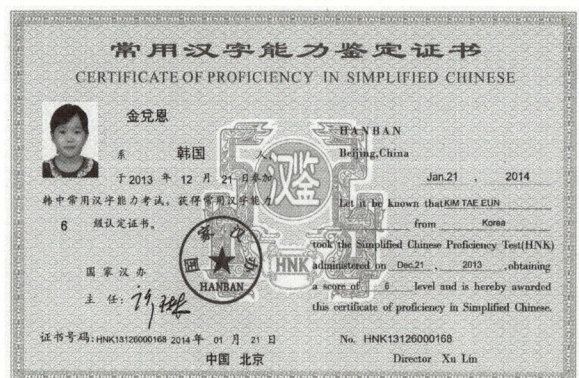
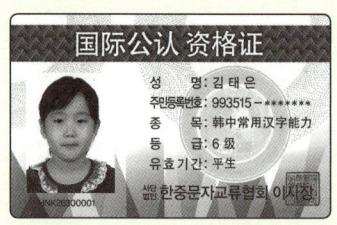

나라마다 모양이 다른 한자 **번체자와 간체자**

한 가지의 일로 두 가지의 이익을 보는 것을 '일거양득'이라고 합니다.
일거양득을 한자로 쓸 때,

한국에서는 一擧兩得, 중국에서는 一举两得으로 쓰지요.
　　　　　　일　거　양　득

이처럼 한자에는 같은 뜻을 나타내지만 나라마다 모양이 조금씩 다른 것이 있어요.

지금, 중국에서는 옛날부터 사용해온 복잡하고 번거로운 한자인 번체자를 대신하여 글자의 획을 간단하게 줄여서 쓴 간체자를 사용하고 있답니다.
우리도 이제, 한자를 공부할 때 이렇게 모양이 다른 간체자까지 함께 배우면 어렵고 멀게만 느껴지던 중국어가 쉬워지겠지요.
이것이 바로, 도랑 치고 가재잡고, 일석이조, 일거양득이지요.
그럼, 번체자와 간체자가 어떻게 다른지 살펴볼까요?

	한(하나) 일	들(들다) 거	두(둘) 량	얻을(얻다) 득
한국식 한자 (번체자)	一	擧	兩	得
중국식 한자 (간체자)	一	举	两	得
일본식 한자 (약자)	一	挙	両	得

HNK 한중상용한자능력시험 안내

한중상용한자는 간체자를 포함한 한국과 중국에서 일상적으로 사용하는 한자를 뜻하며, 세계 표준 한자의 이해를 지향하는 학습용어입니다.

1. 검정과목

- 8급에서 1급까지 총 11개 급수, 본회 선정 급수별 한중상용한자에 대한 능력검정시험입니다.

2. 배정한자 수 및 응시료

급수	8급	7급	6급	5II급	5급	4II급	4급	3II급	3급	2급	1급
배정한자	50 (2)	100 (6)	200 (30)	300 (57)	450 (105)	650 (197)	850 (272)	1,050 (335)	1,870 (688)	2,670 (933)	3,800 (1,382)
응시료	20,000원			22,000원			24,000원		35,000원	45,000원	55,000원

※ 배정한자의 ( )는 간체자 수를 표기한 것임.
※ 상위 등급 배정한자는 하위 등급 선정한자를 모두 포함함.

3. 출제문항 수 및 합격기준

급수	8급	7급	6급	5II급	5급	4II급	4급	3II급	3급	2급	1급
출제문항 수	40	50	80	100	100	100	100	100	150	150	180
합격문항 수	28	35	56	70	70	70	70	70	105	105	144
시험시간(분)	40(분)	40(분)	60(분)	60(분)	60(분)	60(분)	60(분)	60(분)	90(분)	90(분)	100(분)

4. 출제유형

출제영역 \ 급수(문항수)	8급 (40)	7급 (50)	6급 (80)	5II급 (100)	5급 (100)	4II급 (100)	4급 (100)	3II급 (100)	3급 (150)	2급 (150)	1급 (180)
1. 한중상용한자 훈과 음	13	15	20	30	30	30	30	30	30	30	20
2. 한중상용한자어 독음	15	20	20	30	30	30	30	30	35	35	25
3. 한중상용한자(어)의 뜻풀이	5	8	9	9	9	9	9	9	15	15	15
4. 반의자(어)	2	2	3	3	3	3	3	3	5	5	5
5. 유의자(어)			3	3	3	3	3	3	5	5	5
6. 한자성어(고사성어)			3	3	3	3	3	3	5	5	5
7. 훈과 음에 맞는 간체자·번체자			5	5	5	5	5	5			
8. 부수			2	2	2	2	2	2			
9. 번체자를 간체자로 바꿔 쓰기			5	5	5	5	5	5	15	15	20
10. 간체자를 번체자로 바꿔 쓰기			5	5	5	5	5	5	15	15	20
11. 한중상용한자(어) 쓰기			5	5	5	5	5	5	10	10	40
12. 그림보고 한자 유추하기	5	5									
13. 한자어 같은 뜻, 다른 표현 (동음이의어, 이음동의어)									10	10	10
14. 국제시사용어/외래어 표현									5	5	10
15. 한중상용한자어 활용											5

※ 한중상용한자 쓰기는 급수별 배정한자를 반영, 6급부터 다루고 있습니다.
※ 4급 배정한자에는 한·중·일 공용한자(808자)가 모두 포함되어 있습니다.
※ HNK는 '한자능력시험'이므로 중국어 발음은 출제 범위에 포함되지 않습니다.

5. 응시원서 접수 방법

- **인터넷 접수:** 홈페이지 www.hnktest.com 접속 ➡ 회원기입(로그인) ➡ 회차 선택 ➡ 급수선택 개인정보 입력 및 사진 업로드 ➡ 고사장 선택 ➡ 응시료 결제 및 수험표 출력
- **방문 접수:** 각 지역본부 및 지사, 접수처 (증명사진 2매, 응시생 인적사항, 응시료 준비)
  응시원서는 홈페이지에서 다운로드 가능하며, 접수처에서 배부합니다.

사진규격 및 규정

- 인터넷 접수 시 jpg파일만 가능
  파일 크기 - 50KB 이상 100KB 이하(100KB를 초과할 경우 업로드가 안됨)
  jpg파일 사이즈 - 3×4cm(177×236픽셀)/스캔해상도 : 150dpi
- 사진은 최근 6개월 이내 촬영한 상반신 정면 컬러사진으로 접수
- 일반 스냅 사진, 핸드폰 및 디지털 카메라로 찍은 셀프사진, 측면 사진, 배경이 있는 사진, 모자착용 및 규격사이즈 미달 사진은 불가

시험 당일 준비사항

- 수험표, 신분증(주민등록증, 청소년증, 학생증, 여권 중 택1)
- 필기도구 - 검정 펜, 수정 테이프, 2B 연필, 지우개 등

응시자가 지켜야 할 사항

- 시험시작 10분 전까지 입실해야 합니다.
- 시험 중간 휴식 시간은 없으며, 시험 중 퇴실할 수 없습니다.
  만일 특별한 사유로 중도 퇴실을 원할 경우, 반드시 감독관의 동의를 얻어야 합니다.
- 시험규정과 고사장 수칙을 반드시 준수해야 하며, 위반 시 부정행위처리, 자격제한 등의 처벌을 받을 수 있습니다.
- 시험과 무관한 물건은 시험 시 휴대할 수 없습니다. 휴대폰, 전자사전 등은 전원을 끄고 배터리를 분리하여 지정된 장소에 옮겨 놓습니다. 만일 시험과 무관한 물품을 소지하여 발각될 경우 즉시 부정행위자로 처리됩니다.

합격 조회

- 시험일로부터 1개월 후 www.hnktest.com에서 조회 가능합니다.
- 문의 : (02) 837-9645

5급 배정한자 모아보기(450字)

※ 상위등급 한자는 하위등급 한자를 모두 포함합니다.
※ 숫자는 해당 급수 표시입니다. (⑤는 5II급)
※ '( )'는 한자의 뜻을 이해하기 쉽도록 풀어 쓴 표현입니다.
※ 배정 간체자는 중국에서 공표한 「간화자 총표」를 기준으로 선정하였습니다.
※ 단, 한국과 중국의 표기 방식이 다른 한자는 효율적인 중국어 학습을 위하여 병기하였습니다.

	ㄱ	
⑤	加	더할 가
⑥	歌	노래 가
⑤	可	옳을 가
⑥	家	집 가
⑤	各	각각 각
⑤	角角	뿔 각
⑥	間间	사이 간
⑤	感	느낄 감
⑦	江	강 강
⑤	強强	강할 강
⑤	開开	열 개
⑤	客	손 객
⑤	去	갈 거
⑥	車车	수레 거(차)
⑥	巾	수건 건
⑤	格	격식(틀) 격
⑤	見见	볼 견
⑦	犬	개 견
⑤	決决	결정할 결
⑤	結结	맺을 결
⑤	輕轻	가벼울 경
⑤	敬	공경할 경
⑤	京	서울 경
⑤	計计	셀 계
⑤	界	지경(경계) 계
⑤	苦	괴로울 고
⑤	高	높을 고
⑤	考	생각할 고
⑤	告	알릴 고
⑥	古	예 고
⑤	曲	굽을 곡
⑤	功	공(공로) 공
⑤	公	공평할 공
⑥	空	빌(비다) 공
⑦	工	장인, 만들 공
⑤	共	함께 공
⑤	科	과목 과
⑤	果	열매 과
⑥	過过	지날, 허물 과
⑤	光	빛 광
⑥	敎教	가르칠 교
⑤	交	사귈 교
⑥	校	학교 교
⑤	球	공 구
⑧	九	아홉 구
⑧	口	입 구
⑤	區区	나눌 구
⑥	國国	나라 국
⑤	郡	고을 군
⑥	軍军	군사 군
⑤	貴贵	귀할 귀
⑤	近近	가까울 근
⑥	根	뿌리 근
⑥	今	이제 금
⑤	急	급할 급
⑤	級级	등급 급
⑤	旗	기(깃발) 기
⑥	記记	기록할 기
⑥	氣气	기운 기
⑦	己	몸(자기) 기
⑤	吉	길할, 좋을 길
⑧	金	쇠 금, 성 김

	ㄴ	
⑧	南	남녘 남
⑧	男	사내 남
⑦	內内	안 내
⑧	女	여자 녀
⑦	年	해 년
⑥	農农	농사 농
⑤	能	능할(할 수 있는) 능
⑥	你	너 니

	ㄷ	
⑦	多	많을 다
⑤	短	짧을 단
⑥	答	대답 답
⑤	堂	집 당
⑤	當当	마땅할 당
⑤	待	기다릴 대
⑥	代	대신할 대
⑤	對对	대답할 대
⑧	大	큰 대
⑤	德	덕 덕
⑤	圖图	그림 도
⑥	道道	길 도

⑤	度	법도 도
⑤	刀	칼 도
⑤	讀读	읽을 독
⑤	冬	겨울 동
⑥	洞	골 동
⑧	東东	동녘 동
⑤	童	아이 동
⑤	動动	움직일 동
⑥	同	한가지 동
⑤	頭头	머리 두
⑤	等	무리 등
⑥	登	오를 등

ㄹ

⑤	樂乐	즐길 락, 노래 악 좋아할 요
⑤	落	떨어질 락
⑥	來来	올 래
⑤	良	어질, 좋을 량
⑤	歷历	지낼 력
⑦	力	힘 력
⑤	禮礼	예도 례
⑤	例	본보기(법식) 례
⑤	路	길 로
⑥	老	늙을 로
⑤	勞劳	일할 로
⑤	綠绿	푸를 록
⑤	流	흐를 류
⑧	六	여섯 륙
⑤	理	다스릴 리
⑥	里	마을 리
⑤	李	오얏(자두) 리
⑤	利	이로울 리

| ⑦ | 林 | 수풀(숲) 림 |
| ⑦ | 立 | 설(서다) 립 |

ㅁ

⑦	馬马	말 마
⑥	嗎吗	어조사 마
⑤	媽妈	엄마 마
⑥	萬万	일만 만
⑤	末	끝 말
⑤	亡	망할 망
⑥	每	매양(늘) 매
⑤	買买	살(사다) 매
⑤	賣卖	팔(팔다) 매
⑥	面	낯, 얼굴 면
⑤	命	목숨 명
⑤	明	밝을 명
⑦	名	이름 명
⑧	母	어머니 모
⑤	毛	털 모
⑧	木	나무 목
⑦	目	눈 목
⑤	無无	없을 무
⑥	文	글월 문
⑧	門门	문 문
⑥	問问	물을 문
⑥	們们	들(무리) 문
⑤	聞闻	들을 문
⑥	物	물건 물
⑤	米	쌀 미
⑤	美	아름다울 미
⑥	民	백성 민

ㅂ

⑤	朴	순박할 박
⑤	班	나눌 반
⑤	反	돌이킬 반
⑤	半半	절반 반
⑤	發发	필 발
⑤	放	놓을 방
⑥	方	모 방
⑧	百	일백 백
⑦	白	흰 백
⑤	番	차례 번
⑤	別别	다를 별
⑤	法	법 법
⑤	兵	군사, 병사 병
⑤	病	병 병
⑤	步	걸음 보
⑤	福福	복 복
⑤	服	옷, 다스릴 복
⑥	本	근본 본
⑤	奉	받들 봉
⑤	部	떼, 거느릴 부
⑧	父	아버지 부
⑥	夫	사내, 남편 부
⑧	北	북녘 북
⑥	分	나눌 분
⑥	不	아니 불
⑤	氷冰	얼음 빙

ㅅ

⑧	四	넉(넷) 사
⑤	社社	모일 사
⑥	士	선비 사
⑤	仕	벼슬, 섬길 사

⑤	思	생각 사	⑧	水	물 수	⑤	弱弱	약할 약
⑤	史	역사, 사기 사	⑤	數数	셈 수	⑤	陽阳	볕 양
⑥	事	일 사	⑦	手	손 수	⑦	羊	양 양
⑤	死	죽을 사	⑤	宿	잠잘 숙	⑤	洋	큰 바다 양
⑤	使	하여금, 부릴 사	⑤	順顺	순할 순	⑦	魚鱼	고기 어
⑧	山	산(뫼, 메) 산	⑤	術术	재주 술	⑤	漁渔	고기 잡을 어
⑤	算	셈 산	⑤	習习	익힐 습	⑥	語语	말씀 어
⑧	三	석(셋) 삼	⑤	勝胜	이길 승	⑤	億亿	억 억
⑤	相	서로 상	⑥	時时	때 시	⑤	言	말씀 언
⑧	上	위 상	⑤	詩诗	글 시	⑤	業业	일, 업 업
⑥	色	빛 색	⑤	示	보일 시	⑤	如	같을 여
⑦	生	날 생	⑥	市	저자(시장) 시	⑤	然	그러할 연
⑧	西	서녘 서	⑤	始	처음, 비로소 시	⑤	永	길(길다) 영
⑤	書书	글 서	⑥	食	먹을, 밥 식	⑤	英	꽃부리, 뛰어날 영
⑦	石	돌 석	⑤	式	법 식	⑥	午	낮 오
⑤	席	자리 석	⑥	植植	심을 식	⑧	五	다섯 오
⑦	夕	저녁 석	⑤	身	몸 신	⑦	玉	구슬 옥
⑦	先	먼저 선	⑤	信	믿을 신	⑤	溫温	따뜻할 온
⑤	線线	줄(line) 선	⑤	神神	귀신, 신비할 신	⑧	王	임금 왕
⑤	雪	눈 설	⑤	新	새로울 신	⑦	外	바깥 외
⑤	省	살필 성, 줄일 생	⑤	臣	신하 신	⑤	要	구할 요
⑦	姓	성씨 성	⑤	實实	열매 실	⑤	勇	날랠 용
⑤	性	성품 성	⑤	失	잃을 실	⑤	用	쓸 용
⑤	成	이룰 성	⑥	室	집 실	⑤	又	또 우
⑥	世	세상 세	⑦	心	마음 심	⑤	友	벗 우
⑤	洗	씻을 세	⑧	十	열 십	⑦	牛	소 우
⑥	所	곳, 바 소				⑦	右	오른 우
⑤	消消	사라질 소			**ㅇ**	⑤	雲云	구름 운
⑧	小	작을 소	⑤	兒儿	아이 아	⑤	運运	옮길 운
⑦	少	적을 소	⑥	安	편안할 안	⑤	園园	동산 원
⑤	速速	빠를 속	⑤	愛爱	사랑 애	⑤	原	언덕 원
⑤	孫孙	손자 손	⑤	野	들 야	⑤	源	근원 원
⑤	樹树	나무 수	⑤	夜	밤 야	⑤	元	으뜸 원
⑤	首	머리 수	⑤	藥药	약 약	⑤	遠远	멀 원

⑤	院	집 원	⑥	場场	마당 장	⑤	止	그칠 지
⑧	月	달 월	⑤	再	두, 다시 재	⑦	地	땅 지
⑥	位	자리 위	⑤	在	있을 재	⑤	知	알(알다) 지
⑤	油	기름 유	⑤	材	재목 재	⑤	紙纸	종이 지
⑤	由	말미암을 유	⑤	才	재주 재	⑤	直直	곧을 직
⑥	有	있을 유	⑤	的	과녁 적	⑤	集	모일 집
⑤	肉	고기 육	⑤	赤	붉을 적			
⑥	育	기를 육	⑤	田	밭 전		ㅊ	
⑤	銀银	은 은	⑥	電电	번개, 전기 전	⑤	參参	참여할 참
⑤	飮饮	마실 음	⑤	典	법, 책 전	⑤	窓窗	창문 창
⑤	音	소리 음	⑤	戰战	싸움 전	⑤	責责	꾸짖을 책
⑥	邑	고을 읍	⑥	前	앞 전	⑦	川	내 천
⑤	意	뜻 의	⑥	全	온전할 전	⑧	千	일천 천
⑥	衣	옷 의	⑤	展	펼 전	⑦	天	하늘 천
⑤	醫医	의원 의	⑤	庭	뜰 정	⑦	靑青	푸를 청
⑦	耳	귀 이	⑥	正	바를 정	⑤	淸清	맑을 청
⑧	二	두(둘) 이	⑤	定	정할 정	⑤	體体	몸 체
⑤	以	써 이	⑧	弟	아우(동생) 제	⑤	初	처음 초
⑧	人	사람 인	⑤	題题	제목 제	⑥	草	풀 초
⑤	因	인할, 까닭 인	⑤	第	차례 제	⑦	寸	마디 촌
⑧	日	날, 해 일	⑥	朝	아침 조	⑤	村	마을 촌
⑧	一	한 일	⑥	祖祖	조상 조	⑤	秋	가을 추
⑤	任	맡길 임	⑤	族	겨레 족	⑤	春	봄 춘
⑦	入	들 입	⑦	足	발 족	⑦	出	날 출
			⑤	卒	병사, 마칠 졸	⑤	充	채울 충
	ㅈ		⑦	左	왼 좌	⑤	親亲	친할, 어버이 친
⑧	子	아들 자	⑤	晝昼	낮 주	⑧	七	일곱 칠
⑥	字	글자 자	⑤	州	고을 주			
⑤	者者	사람 자	⑤	注	물댈, 부을 주		ㅌ	
⑦	自	스스로 자	⑥	住	살(살다) 주	⑤	太	클 태
⑤	昨	어제 작	⑦	主	주인 주	⑧	土	흙 토
⑤	作	지을 작	⑤	竹	대 죽	⑤	通通	통할 통
⑤	章	글 장	⑧	中	가운데 중	⑤	特	특별할 특
⑥	長长	긴, 어른 장	⑤	重	무거울 중			

ㅍ

⑤	爸	아빠 파
⑧	八	여덟 팔
⑤	貝贝	조개 패
⑤	便	편할 편, 똥오줌 변
⑥	平平	평평할 평
⑤	表	겉 표
⑤	品	물건 품
⑤	風风	바람 풍
⑤	必	반드시 필

ㅎ

⑤	河	물, 강 이름 하
⑧	下	아래 하
⑤	夏	여름 하
⑥	學学	배울 학
⑥	韓韩	한국(Korea) 한
⑥	漢汉	한수(China) 한
⑤	限	한할 한
⑥	合	합할 합
⑥	海	바다 해
⑤	行	다닐 행
⑥	幸	다행 행
⑥	向	향할 향
⑤	現现	나타날 현
⑥	頁页	머리 혈
⑤	血	피 혈
⑧	兄	맏(형) 형
⑤	形	모양 형
⑤	號号	부르짖을, 이름 호
⑥	好	좋을 호
⑤	畫画	그림 화
⑤	化	될(되다) 화
⑤	花	꽃 화
⑧	火	불 화
⑤	和	화목할 화
⑤	話话	말씀(말하다) 화
⑤	活	살(살다) 활
⑤	黃黄	누를 황
⑤	會会	모일 회
⑥	孝	효도 효
⑥	後后	뒤 후
⑤	訓训	가르칠 훈
⑥	休	쉴 휴
⑤	凶	흉할 흉
⑤	黑	검을 흑
⑤	很	매우 흔

부수자

한자 구성에 필획으로 자주 쓰이는 부수한자를 선정하였습니다.

⑧	丶	점 주
⑧	丨	뚫을 곤
⑧	乙乚	새, 굽을 을
⑧	丿	삐침 별
⑧	乀	파임 불
⑧	亅	갈고리 궐
⑧	亠	머리 부분 두
⑧	儿	걷는 사람 인
⑧	凵	입 벌릴 감
⑧	冖	덮을 멱
⑦	冂	멀 경
⑦	几	안석 궤
⑦	冫	얼음 빙
⑦	勹	쌀(감쌀) 포
⑦	匕	비수 비
⑦	卜	점 복
⑦	匚	상자 방
*	匸	감출 혜
⑦	卩㔾	병부 절
⑦	厂	언덕 엄
⑦	厶	사사 사
⑥	口	에울 위
⑥	夂	뒤져서 올 치
*	夊	천천히 걸을 쇠
⑥	宀	집 면
⑥	幺	작을 요
⑥	广	집 엄
⑥	廴	길게 걸을 인
⑥	廾	손 맞잡을 공
⑥	弋	주살 익
⑥	彑⺕	돼지머리 계
⑥	彡	터럭 삼
⑥	彳	조금 걸을 척
⑥	戈	창 과
⑥	攴攵	칠 복
⑥	欠	하품 흠
⑥	歹	뼈 앙상할 알
⑥	殳	칠, 몽둥이 수
⑥	爪⺥	손톱 조
⑥	辶⻌	쉬엄쉬엄 갈 착
⑥	爿丬	조각 장
⑥	疒	병들어 기댈 녁

5급 간체자 (105字)

※ 한국과 중국에서 다르게 표기되는 부수에 따른 한자는 간체자에 포함시키지 않았습니다.

※ 부수 표기의 예

나라＼부수	갈 착	풀초머리	보일 시
한국	辶(4획)	艹(4획)	示(5획)
중국	辶(3획)	艹(3획)	礻(4획)

- ⑤ 角 뿔 각
- ⑥ 间 사이 간
- ⑤ 开 열 개
- ⑥ 车 수레 거(차)
- ⑤ 见 볼 견
- ⑤ 决 결정할 결
- ⑤ 结 맺을 결
- ⑤ 轻 가벼울 경
- ⑤ 计 셀 계
- ⑤ 过 지날 과
- ⑥ 教 가르칠 교
- ⑤ 区 나눌 구
- ⑥ 国 나라 국
- ⑥ 军 군사 군
- ⑤ 贵 귀할 귀
- ⑤ 级 등급 급
- ⑥ 记 기록할 기
- ⑥ 气 기운 기
- ⑥ 农 농사 농
- ⑤ 当 마땅할 당
- ⑤ 对 대답할 대
- ⑤ 图 그림 도
- ⑤ 读 읽을 독
- ⑧ 东 동녘 동
- ⑤ 动 움직일 동
- ⑤ 头 머리 두

- ⑤ 乐 즐길 락 / 노래 악 / 좋아할 요
- ⑥ 来 올 래
- ⑤ 历 지낼 력
- ⑤ 礼 예도 례
- ⑤ 劳 일할 로
- ⑤ 绿 푸를 록
- ⑦ 马 말 마
- ⑥ 吗 어조사 마
- ⑤ 妈 엄마 마
- ⑥ 万 일만 만
- ⑤ 买 살 매
- ⑤ 卖 팔 매
- ⑥ 无 없을 무
- ⑧ 门 문 문
- ⑤ 闻 들을 문
- ⑥ 问 물을 문
- ⑥ 们 들(무리) 문
- ⑤ 发 필 발
- ⑤ 别 다를 별
- ⑤ 冰 얼음 빙
- ⑤ 书 글 서
- ⑤ 线 줄 선
- ⑤ 孙 손자 손
- ⑤ 树 나무 수
- ⑤ 数 셈 수

- ⑤ 顺 순할 순
- ⑤ 术 재주 술
- ⑤ 习 익힐 습
- ⑤ 胜 이길 승
- ⑤ 诗 글 시
- ⑥ 时 때 시
- ⑥ 植 심을 식
- ⑤ 实 열매 실
- ⑤ 儿 아이 아
- ⑤ 爱 사랑 애
- ⑤ 药 약 약
- ⑤ 阳 볕 양
- ⑦ 鱼 고기 어
- ⑤ 渔 고기 잡을 어
- ⑥ 语 말씀 어
- ⑤ 亿 억 억
- ⑤ 业 일 업
- ⑤ 温 따뜻할 온
- ⑤ 云 구름 운
- ⑤ 运 옮길 운
- ⑤ 园 동산 원
- ⑤ 远 멀 원
- ⑤ 银 은 은
- ⑤ 饮 마실 음
- ⑤ 医 의원 의
- ⑤ 者 사람 자
- ⑥ 长 긴, 어른 장

- ⑥ 场 마당 장
- ⑥ 电 번개 전
- ⑤ 战 싸움 전
- ⑤ 题 제목 제
- ⑤ 昼 낮 주
- ⑤ 纸 종이 지
- ⑤ 直 곧을 직
- ⑤ 参 참여할 참
- ⑤ 窗 창문 창
- ⑤ 责 꾸짖을 책
- ⑤ 体 몸 체
- ⑦ 青 푸를 청
- ⑤ 亲 친할 친
- ⑤ 贝 조개 패
- ⑤ 风 바람 풍
- ⑥ 学 배울 학
- ⑥ 韩 한국 한
- ⑥ 汉 한수 한
- ⑤ 现 나타날 현
- ⑥ 页 머리 혈
- ⑤ 号 부르짖을 호
- ⑤ 画 그림 화
- ⑤ 话 말씀 화
- ⑤ 黄 누를 황
- ⑤ 会 모일 회
- ⑥ 后 뒤 후
- ⑤ 训 가르칠 훈

5급 선정한자(150字)

※ 한어병음은 중국어 발음 표기입니다.
※ 대표훈음보다 자세한 것은 자전을 참고합니다.
※ ( ) 안은 한자 뜻을 이해하는 데 목적을 둔 표현입니다.

한자	훈음	한어병음
ㄱ		
加	더할 가	jiā
可	옳을 가	kě
角 角	뿔 각	jiǎo
感	느낄 감	gǎn
客	손(guest) 객	kè
格	격식(틀) 격	gé
決 决	결정할 결	jué
結 结	맺을 결	jié
敬	공경할 경	jìng
輕 轻	가벼울 경	qīng
界	지경(경계) 계	jiè
考	생각할 고	kǎo
告	알릴 고	gào
苦	괴로울, 쓸 고	kǔ
曲	굽을 곡	qū
公	공평할 공	gōng
果	과실 과	guǒ
過 过	지날, 허물 과	guò
球	공(ball) 구	qiú
郡	고을 군	jùn
貴 贵	귀할 귀	guì
根	뿌리 근	gēn
級 级	등급 급	jí
吉	길할(좋을) 길	jí
ㄴ		
能	능할(할 수 있는) 능	néng

한자	훈음	한어병음
ㄷ		
堂	집 당	táng
待	기다릴 대	dài
德	덕 덕	dé
度	법도 도	dù, duó
動 动	움직일 동	dòng
童	아이 동	tóng
ㄹ		
落	떨어질 락	luò, là
良	어질(good) 량	liáng
歷 历	지낼 력	lì
例	본보기(법식) 례	lì
路	길 로	lù
勞 劳	일할 로	láo
綠 绿	푸를(green) 록	lǜ, lù
流	흐를 류	liú
李	오얏(자두) 리	lǐ
ㅁ		
媽妈	엄마 마	mā
亡	망할 망	wáng
買买	살(사다) 매	mǎi
賣卖	팔(팔다) 매	mài
美	아름다울 미	měi
ㅂ		
朴	순박할 박	pǔ, piáo

한자	훈음	한어병음
反	돌이킬 반	fǎn
發 发	필(피다) 발	fā
法	법 법	fǎ
兵	군사, 병사 병	bīng
病	병 병	bìng
服	옷, 다스릴 복	fú, fù
福 福	복 복	fú
奉	받들 봉	fèng
氷 冰	얼음 빙	bīng

人		
仕	벼슬, 섬길 사	shì
史	역사, 사기 사	shǐ
使	하여금, 부릴 사	shǐ
思	생각 사	sī
算	셈 산	suàn
相	서로 상	xiāng, xiàng
席	자리 석	xí
雪	눈(snow) 설	xuě
省	살필 성	xǐng
	줄일 생	shěng
洗	씻을 세	xǐ, xiǎn
消 消	사라질 소	xiāo
速 速	빠를 속	sù
孫 孙	손자 손	sūn
數 数	셈 수	shǔ, shù
樹 树	나무 수	shù
宿	잠잘 숙	sù
順 顺	순할 순	shùn
術 术	재주 술	shù
習 习	익힐 습	xí

한자	훈음	한어병음
勝 胜	이길 승	shèng
始	처음, 비로소 시	shǐ
式	법 식	shì
臣	신하 신	chén
失	잃을 실	shī
實 实	열매 실	shí

ㅇ		
兒 儿	아이 아	ér
愛 爱	사랑 애	ài
野	들 야	yě
藥 药	약 약	yào
洋	큰 바다 양	yáng
陽 阳	볕 양	yáng
漁 渔	고기 잡을 어	yú
億 亿	억 억	yì
業 业	일, 업 업	yè
如	같을 여	rú
然	그러할 연	rán
溫 温	따뜻할 온	wēn
要	구할 요	yāo, yào
勇	날랠 용	yǒng
雲 云	구름 운	yún
院	집 원	yuàn
源	근원 원	yuán
園 园	동산 원	yuán
由	말미암을 유	yóu
油	기름 유	yóu
飲 饮	마실 음	yīn
醫 医	의원(doctor) 의	yī
以	써 이	yǐ

한자	훈음	한어병음
因	인할(까닭) 인	yīn
任	맡길 임	rèn

ㅈ		
者 者	사람 자	zhě
昨	어제 작	zuó
章	글 장	zhāng
再	두, 다시 재	zài
在	있을 재	zài
材	재목 재	cái
赤	붉을 적	chì
的	과녁 적	dì, dí, de
典	법, 책 전	diǎn
展	펼(펴다) 전	zhǎn
戰 战	싸움 전	zhàn
定	정할 정	dìng
庭	뜰 정	tíng
第	차례 제	dì
題 题	제목 제	tí
族	겨레 족	zú
卒	병사, 마칠 졸	zú
	갑자기 졸	cù
州	고을 주	zhōu
注	물댈, 부을 주	zhù
止	그칠 지	zhǐ
知	알(알다) 지	zhī
紙 纸	종이 지	zhǐ
集	모일 집	jí

ㅊ		
參 参	참여할 참	cān

한자	훈음	한어병음
窓 窗	창문 창	chuāng
責 责	꾸짖을 책	zé
淸 清	맑을 청	qīng
體 体	몸 체	tī
初	처음 초	chū
充	채울 충	chōng

ㅌ		
特	특별할 특	tè

ㅍ		
爸	아빠 파	bà
表	겉 표	biǎo
品	물건 품	pīn
必	반드시 필	bì

ㅎ		
河	물(강 이름) 하	hé
幸	다행 행	xìng
現 现	나타날 현	xiàn
號 号	부르짖을 호	háo
	이름 호	hào
化	될(되다) 화	huà
畫 画	그림 화	huà
	그을 획	huà
訓 训	가르칠 훈	xùn
凶	흉할 흉	xiōng
黑	검을 흑	hēi
很	매우 흔	hěn

간체자 (48字)

角	뿔 각	jiǎo	儿	아이 아	ér
决	결정할 결	jué	爱	사랑 애	ài
结	맺을 결	jié	药	약 약	yào
轻	가벼울 경	qīng	阳	볕 양	yáng
过	지날, 허물 과	guò	渔	고기 잡을 어	yú
贵	귀할 귀	guì	亿	억 억	yì
级	등급 급	jí	业	일 업	yè
动	움직일 동	dòng	温	따뜻할 온	wēn
历	지낼 력	lì	云	구름 운	yún
劳	일할 로	láo	园	동산 원	yuán
绿	푸를 록	lǜ, lù	饮	마실 음	yǐn
妈	엄마 마	mā	医	의원 의	yī
买	살 매	mǎi	者	사람 자	zhě
卖	팔 매	mài	战	싸움 전	zhàn
发	필 발	fā	题	제목 제	tí
冰	얼음 빙	bīng	纸	종이 지	zhǐ
孙	손자 손	sūn	参	참여할 참	cān
数	셈 수	shǔ, shù	窗	창문 창	chuāng
树	나무 수	shù	责	꾸짖을 책	zé
顺	순할 순	shùn	体	몸 체	tǐ
术	재주 술	shù	现	나타날 현	xiàn
习	익힐 습	xí	号	부르짖을 호	háo
胜	이길 승	shèng	画	그림 화	huà
实	열매 실	shí	训	가르칠 훈	xùn

HNK 5급

汉字能力考试

한자 기초를 꼼꼼하게!

한자 터잡기

UNIT 1 ~ UNIT 10

교과서 한자어 참뜻 알기

사자성어 알기

반의자·유의자 알기

간체자 알기

다음 카드에서 여러분이 아는 한자에 동그라미 해 보세요.

各 각각 각	客 손 객	古 예 고	苦 괴로울 고
考 생각할 고	老 늙을 로	馬 말 마	妈 엄마 마
話 말씀 화	訓 가르칠 훈	魚 물고기 어	漁 고기 잡을 어

벌써 알고 있는 한자도 있고
처음 보는 한자도 있겠지만,
한자 공부는 언제나 재미있어요!
새로운 한자를 만나러 출발!

5급 한자 읽기 연습

加	公	童	朴	相	始	然	者	族	特
可	果	落	反	席	式	溫	昨	卒	爸
角	過	良	發	雪	臣	要	章	州	表
感	球	歷	法	省	失	勇	再	注	品
客	郡	例	兵	洗	實	雲	在	止	必
格	貴	路	病	消	兒	院	材	知	河
決	根	勞	服	速	愛	源	赤	紙	幸
結	級	綠	福	孫	野	園	的	集	現
敬	吉	流	奉	數	藥	由	典	參	號
輕	能	李	氷	樹	洋	油	戰	窓	化
界	堂	妈	仕	宿	陽	飮	展	責	畫
考	待	亡	史	順	漁	醫	定	淸	訓
告	德	買	使	術	億	以	庭	體	凶
苦	度	賣	思	習	業	因	第	初	黑
曲	動	美	算	勝	如	任	題	充	很

특별할 특	겨레 족	사람 자	그러할 연	처음 비로소 시	서로 상	순박할 박	아이 동	공평할 공	더할 가	
아빠 파	병사 마칠 졸 갑자기	어제 작	따뜻할 온	법 식	자리 석	돌이킬 반	떨어질 락	열매 과	옳을 가	
겉 표	고을 주	글 장	구할 요	신하 신	눈(snow) 설	필(피다) 발	어질 량	지날 허물 과	뿔 각	
물건 품	물댈 부을 주	두 다시 재	날랠 용	잃을 실	살필 성 줄일 생	법 법	지낼 력	공(ball) 구	느낄 감	
반드시 필	그칠 지	있을 재	구름 운	열매 실	씻을 세	군사 병사 병	보기 례	고을 군	손 객	
물(강 이름) 하	알(알다) 지	재목 재	집 원	아이 아	사라질 소	병 병	길 로	귀할 귀	격식 격	
다행 행	종이 지	붉을 적	근원 원	사랑 애	빠를 속	옷 다스릴 복	일할 로	뿌리 근	결정할 결	
나타날 현	모일 집	과녁 적	동산 원	들 야	손자 손	복 복	푸를 록	등급 급	맺을 결	
부르짖을 이름 호	참여할 참	법 책 전	말미암을 유	약 약	셈 수	받들 봉	흐를 류	길할 길	공경할 경	
될(되다) 화	창문 창	싸움 전	기름 유	큰 바다 양	나무 수	얼음 빙	오얏(자두) 리	능할 능	가벼울 경	
그림 화 그을 획	꾸짖을 책	펼(펴다) 전	마실 음	볕 양	잠잘 숙	벼슬 섬길 사	엄마 마	집 당	지경 계	
가르칠 훈	맑을 청	정할 정	의원 의	고기 잡을 어	순할 순	역사 사기 사	망할 망	기다릴 대	생각할 고	
흉할 흉	몸 체	뜰 정	써 이	억 억	재주 술	하여금 부릴 사	살(사다) 매	덕 덕	알릴 고	
검을 흑	처음 초	차례 제	인할(까닭) 인	일 업	익힐 습	생각 사	팔(팔다) 매	법도 도	괴로울 쓸 고	
매우 흔	채울 충	제목 제	맡길 임	같을 여	이길 승	셈 산	아름다울 미	움직일 동	굽을 곡	

UNIT 1

설명에 맞는 낱말을 글자판에서 찾아 ○표 하세요.
낱말들은 가로, 세로, 대각선으로 숨어 있어요.

나는야 한자왕!

決	死	反	對	決	同
客	見	感	可	所	苦
決	結	格	結	決	同
曲	不	問	曲	直	樂
格	可	感	曲	輕	界
客	界	短	結	考	見

① 죽기를 각오하고 있는 힘을 다하여 반대함.
② 괴로움도 즐거움도 함께함.
③ 반대하거나 반항하는 감정.
④ 옳지 않음. 가능하지 않음.
⑤ 옳고 그름을 따지지 아니함.

정답 ①決死反對(결사반대) ②同苦同樂(동고동락) ③反感(반감) ④不可(불가) ⑤不問曲直(불문곡직)

1단계 한자쓰기

새로운 한자를 만나 볼까요?

| 더할 가 | jiā | 力 힘 력 총5획 | 力 カ 加 加 加 |

加 加 加 加 加 加

★ 加入 가입   加工 가공   ☆ 농산물 가공 산업이 발달하다.

| 옳을 가 | kě | 口 입 구 총5획 | 可 可 可 可 可 |

可 可 可 可 可 可

★ 可決 가결   可能 가능   ☆ 통화 가능 지역을 확대하다.

| 뿔 각 | jiǎo, jué | 角 뿔 각 총7획 | 角 角 角 角 角 角 角 角 角 角 角 角 |

角 角 角 角 角 角

★ 角度 각도   死角 사각   ☆ 각도를 재다.

| 느낄 감 | gǎn | 心 마음 심 총13획 | 感感感感感感感感感感感 |

感 感 感 感 感 感

★ 感動 감동   共感 공감   ☆ 감동의 물결이 경기장을 가득 메웠다.

| 손, 손님 객 | kè | 宀 집 면 총9획 | 客客客客客客客客客 |

客 客 客 客 客 客

★ 客席 객석   主客 주객   ☆ 객석을 가득 메운 관중이 박수를 보냈다.

| 격식, 틀 **격** | gé | 木 나무 목 총10획 |

★ 格式 격식 品格 품격 ☆ 품격을 떨어뜨린 행동.

| 결정할 **결** | jué | 水 물 수 총7획 |

★ 對決 대결 決定 결정 ☆ 두 선수는 세기의 대결을 벌였다.

| 맺을, 묶을 **결** | jié | 糸 실 사 총12획 |

★ 結末 결말 結實 결실 ☆ 시민이 중심되어 결성(結成)한 단체.

| 공경할 **경** | jìng | 攵 칠 복 총13획 *간체자는 12획 |

★ 敬禮 경례 敬老 경로 ☆ 경로 우대증.

| 가벼울 **경** | qīng | 車 수레 거 총14획 |

★ 輕油 경유 輕工業 경공업 ☆ 피해 정도의 경중(輕重)을 따지다.

UNIT 1 29

| 지경, 경계 계 | jiè | 田 밭 전 총9획 | 界界界界界界界界界 |

界

★ 世界 세계　限界 한계　✦ 자신의 한계를 극복하다.

| 생각할 고 | kǎo | 耂 늙을 로 총6획 | 考考考考考考 |

考

★ 考古學 고고학　參考 참고　✦ 해당 자료를 참고하다.

| 알릴 고 | gào | 口 입 구 총7획 | 告告告告告告告 |

告

★ 告發 고발　公告 공고　✦ 경찰에 고발하다.

| 괴로울, 쓸 고 | kǔ | 艹 풀 초 총9획 *간체자는 8획 | 苦苦苦苦苦苦苦苦苦 |

苦

★ 苦樂 고락　苦生 고생　✦ 고생 끝에 낙이 온다.

| 굽을 곡 | qū | 曰 가로 왈 총6획 | 曲曲曲曲曲曲 |

曲

★ 曲線美 곡선미　名曲 명곡　✦ 한옥 처마의 곡선미.

2단계 낭송하기

배운 한자를 읽어 볼까요?

🐟 한자의 뜻과 음을 소리 내어 읽어 보세요.

可 界 考 敬 格
角 客 加 告
苦 輕 決 曲
结 轻 感 界

🐟 한자어의 음을 소리 내어 읽어 보세요.

加算　輕重　共感　考古學　參考
苦生　決勝　告發　可決　主客
　　　　　　公告　世界
　　　名曲　　　結末
角度　品格　結實　加速

3단계 확인하기

한자의 뜻과 음을 찾아 동그라미 해 보세요.

뜻				한자	음			
(나라)	집	대문		國	문	**(국)**	가	
빼다	입	더하다	힘	加	각	거	가	구
그르다	옳다	형	더하다	可	가	거	구	각
뿔	입	코	머리	角	감	강	국	각
소리치다	느낌	마음	짜다	感	국	감	강	각
타인	자기	손님	머리	客	격	객	결	강
타인	격식	나무	손님	格	결	강	격	객
결정하다	붓다	맺다	물	決	결	객	격	강
풀다	맺다	종이	실	結	객	격	강	결
구슬	사랑하다	풀	공경하다	敬	경	격	객	강
가볍다	무겁다	수레	공경하다	輕	격	경	강	객
논	별	밭	지경	界	개	전	체	계
효도하다	늙다	말하다	생각하다	考	고	구	궁	강
알리다	물건	부르다	괴롭다	告	강	구	고	궁
즐겁다	달다	괴롭다	오래되다	苦	고	강	궁	구
굽다	알리다	공평하다	곧다	曲	공	곡	각	국

4단계 기억하기

새로운 한자를 기억해 볼까요?

🐟 한자에 알맞은 훈음을 써 보세요.

예시: 韓(韩) ➡ 한국 한

1. 加
2. 可
3. 角(角)
4. 感
5. 客
6. 格
7. 決(决)
8. 結(结)
9. 敬(敬)
10. 輕(轻)
11. 界
12. 考
13. 告
14. 苦(苦)
15. 曲

🐟 훈음에 알맞은 한자를 써 보세요.

예시: 한국 한 ➡ 韓 또는 韩

1. 더할 가
2. 옳을 가
3. 뿔 각
4. 느낄 감
5. 손 객
6. 격식 격
7. 결정할 결
8. 맺을 결
9. 공경할 경
10. 가벼울 경
11. 지경 계
12. 생각할 고
13. 알릴 고
14. 괴로울 고
15. 굽을 곡

UNIT 1　33

UNIT 2

설명에 맞는 낱말을 글자판에서 찾아 ○표 하세요.
낱말들은 가로, 세로, 대각선으로 숨어 있어요.

나는야 한자왕!

多	才	多	能	郡	過
待	堂	根	小	吉	立
黃	金	萬	能	春	堂
公	明	正	大	級	告
果	公	吉	郡	貴	考
動	堂	過	根	球	曲

① 마음이 공평하고 사심이 없으며 바르고 큼.
② 모든 일에 두루 능함.
③ 재주와 능력이 여러 가지로 많음.
④ 입춘을 맞이하여 길운을 기원하며 벽이나 문짝 등에 써 붙이는 글귀.
⑤ 돈만 있으면 무엇이든지 마음대로 할 수 있음을 이르는 말.

정답 ①公明正大(공명정대) ②能小能大(능소능대) ③多才多能(다재다능) ④立春大吉(입춘대길) ⑤黃金萬能(황금만능)

1단계 한자쓰기

새로운 한자를 만나 볼까요?

| 공평할 공 | gōng | 八 여덟 팔 총4획 | 公 公 公 公 |

公

★ 公平 공평   公共 공공   ★ 교육의 기회는 공평해야 한다.

| 열매 과 | guǒ | 木 나무 목 총8획 | 果 果 果 果 果 果 果 果 |

果

★ 結果 결과   成果 성과   ★ 시험 결과를 발표하다.

| 지날, 허물 과 | guò | 辶 갈착 총13획 | 過 過 過 過 過 過 過 過 過 過 過 過 / 过 过 过 过 过 过 |

過 / 过

★ 過去 과거   過勞 과로   ★ 운전자 과실(過失).

| 공 구 | qiú | 玉 구슬 옥 총11획 | 球 球 球 球 球 球 球 球 球 球 球 |

球

★ 地球 지구   野球 야구   ★ 프로 야구 선수.

| 고을 군 | jùn | 邑 고을 읍 총10획 *간체자는 9획 | 郡 郡 郡 郡 郡 郡 郡 郡 |

郡

★ 郡民 군민   郡內 군내   ★ 군민 체육 대회.

UNIT 2

| 귀할 귀 | guì | 貝 조개 패　총12획 | 貴貴貴貴貴貴貴貴貴貴 貴貴貴貴貴貴貴貴 |

貴　貴　貴　貴　貴　貴

★ 貴族 귀족　高貴 고귀　☆ 고대사 연구에 귀중(貴重)한 자료.

| 뿌리 근 | gēn | 木 나무 목　총10획 | 根根根根根根根根根 |

根　根　根　根　根

★ 根本 근본　根性 근성　☆ 끝까지 해내겠다는 근성이 필요하다.

| 등급 급 | jí | 糸 실 사　총10획 | 級級級級級級級級級級 級級級級級級 |

級　級　級　級　級

★ 等級 등급　級訓 급훈　☆ 우리반 급훈은 '성실'이다.

| 길할, 좋을 길 | jí | 口 입 구　총6획 | 吉吉吉吉吉吉 |

吉　吉　吉　吉　吉

★ 吉凶 길흉　吉日 길일　☆ 길일을 정해 이사를 했다.

| 능할(할수있는) 능 | néng | 肉 고기 육　총10획 | 能能能能能能能能能 |

能　能　能　能　能

★ 能動 능동　才能 재능　☆ 컴퓨터에 능통(能通)한 해커.

선생님 확인　　부모님 확인

집 **당**　táng　土 흙 토　총11획
堂堂堂堂堂堂堂堂堂堂堂

堂

★ 堂堂 당당　書堂 서당
★ 서당 개 삼 년에 풍월한다.

기다릴 **대**　dài　彳 조금 걸을 척　총9획
待待待待待待待待待

待

★ 待合室 대합실　苦待 고대
★ 공항 대합실.

덕 **덕**　dé　彳 조금 걸을 척　총15획
德德德德德德德德德德德德

德

★ 德分 덕분　道德 도덕
★ 사또 덕분에 나팔 분다.

법도 **도**　dù, duó　广 집 엄　총9획
度度度度度度度度度

度

★ 速度 속도　溫度 온도
★ 실내 온도를 높이다.

움직일 **동**　dòng　力 힘 력　총11획
動動動動動動動動動
动动动动动动

動

★ 動物 동물　運動 운동
★ 희귀한 야생 동물.

2단계 낭송하기

배운 한자를 읽어 볼까요?

🐟 한자의 뜻과 음을 소리 내어 읽어 보세요.

果　級　过　貴　動
級　貴　　吉　　能
　根　過　德　动
能　待　度　　果

🐟 한자어의 음을 소리 내어 읽어 보세요.

公開　根本　貴族　吉日　書堂
　　　　　　　　根性
堂堂　結果　等級　　　才能
　　　　　　　運動　苦待
　　　　過去　　　　道德
　　吉凶　級訓　公共　成果

3단계 확인하기

한자의 뜻과 음을 찾아 동그라미 해 보세요.

예								
(나라)	집	대문		國	문	(국)	가	
모두	할아버지	함께	공평하다	公	공	곡	각	국
밭	과실(열매)	나무	잎	果	가	거	고	과
지나다	과실(열매)	고을	오다	過	거	가	과	고
흙	옥돌	공	구하다	球	구	거	과	고
경계	저자	남자	고을	郡	궁	공	곤	군
귀하다	싸다	종이	공경하다	貴	구	귀	과	거
꽃	열매	잎	뿌리	根	근	긴	군	급
실	등급	오르다	맺다	級	군	근	긴	급
나쁘다	능하다	길하다	불행하다	吉	급	긴	길	거
용	모양	능하다	알다	能	란	닌	능	난
저자	집	동네	마을	堂	당	덕	강	탕
기다리다	특별하다	지니다	절	待	대	특	사	지
심장	지혜	알다	덕	德	동	덕	독	동
열매	흙	동네	법도	度	도	동	덕	독
건너다	오르다	움직이다	뛰다	動	도	덕	독	동

UNIT 2 39

4단계 기억하기

새로운 한자를 기억해 볼까요?

🐟 한자에 알맞은 훈음을 써 보세요.

예시 韓(韩) ➡ 한국 한

① 公	⑥ 貴(贵)	⑪ 堂
② 果	⑦ 根	⑫ 待
③ 過(过)	⑧ 級(级)	⑬ 德
④ 球	⑨ 吉	⑭ 度
⑤ 郡	⑩ 能	⑮ 動(动)

🐟 훈음에 알맞은 한자를 써 보세요.

예시 한국 한 ➡ 韓 또는 韩

① 공평할 공	⑥ 귀할 귀	⑪ 집 당
② 열매 과	⑦ 뿌리 근	⑫ 기다릴 대
③ 지날 과	⑧ 등급 급	⑬ 덕 덕
④ 공 구	⑨ 길할 길	⑭ 법도 도
⑤ 고을 군	⑩ 능할 능	⑮ 움직일 동

UNIT 3

설명에 맞는 낱말을 글자판에서 찾아 ○표 하세요.
낱말들은 가로, 세로, 대각선으로 숨어 있어요.

나는야 한자왕!

路	例	草	級	賣	美
亡	勞	靑	綠	貴	書
勞	落	山	亡	同	流
落	花	流	水	例	色
良	流	水	買	賣	良
流	八	方	美	人	勞

① '떨어지는 꽃과 흐르는 물'이라는 뜻으로, 가는 봄의 경치나 세력이 보잘것없이 쇠하는 것을 비유적으로 이르는 말.
② 푸른빛을 띤 초록색. 또는 그런 색의 물감.
③ '푸른 산에 흐르는 맑은 물'이라는 뜻으로, 막힘없이 썩 잘하는 말을 비유적으로 이르는 말.
④ '풀빛과 녹색은 같은 빛깔'이란 뜻으로, 같은 처지의 사람과 어울리거나 마음이 기우는 것.
⑤ 여러 방면에 능통한 사람을 비유적으로 이르는 말.

정답 ①落花流水(낙화유수) ②靑綠(청록) ③靑山流水(청산유수) ④草綠同色(초록동색) ⑤八方美人(팔방미인)

1단계 한자쓰기

새로운 한자를 만나 볼까요?

| 아이 **동** | tóng | 立 설립 총12획 | 童童童童童童童童童童童童 |

童

★ 童心 동심　童詩 동시　⭐ 동시를 짓다.

| 떨어질 **락** | luò, là | 艹 풀초 총13획 *간체자는 12획 | 落落落落落落落落落落落落落 |

落

★ 當落 당락　落後 낙후　⭐ 경제적·문화적으로 낙후한 지역.

| 어질, 좋을 **량** | liáng | 艮 그칠간 총7획 | 良良良良良良良 |

良

★ 不良 불량　良心 양심　⭐ 불량식품.

| 지낼 **력** | lì | 止 그칠지 총16획 | 歷歷歷歷歷歷歷歷歷歷歷歷歷
历历历历 |

歷

★ 來歷 내력　歷史 역사　⭐ 남대문의 내력을 소개하다.

| 법식, 본보기 **례** | lì | 人 사람인 총8획 | 例例例例例例例例 |

例

★ 事例 사례　例外 예외　⭐ 예외 없는 규칙은 없다.

42　신나는 한자 5급

| 일할 로 | láo | 力 힘 력 총12획 | 勞勞勞勞勞勞勞勞勞勞勞勞勞勞勞勞勞 |

勞 勞 勞 勞 勞 勞

⭐ 勞使 노사　勞苦 노고　✨ 노고를 위로하다.

| 길 로 | lù | 足 발 족 총13획 | 路路路路路路路路路路路路路 |

路 路 路 路 路 路

⭐ 道路 도로　路線 노선　✨ 도로를 깨끗이 청소하다.

| 푸를 록 | lǜ | 糸 실 사 총14획 | 綠綠綠綠綠綠綠綠綠綠綠綠綠綠 |

綠 綠 綠 綠 綠 綠

⭐ 草綠 초록　綠地 녹지　✨ 가재는 게 편, 풀빛과 녹색(綠色)은 같은 빛깔.

| 흐를 류 | liú | 水 물 수 총10획 | 流流流流流流流流流流 |

流 流 流 流 流 流

⭐ 交流 교류　流通 유통　✨ 두 강은 이 지점에서 합류(合流)한다.

| 오얏(자두), 성씨 리 | lǐ | 木 나무 목 총7획 | 李李李李李李李 |

李 李 李 李 李 李

⭐ 李花 이화

| 엄마 **마** | mā | 女 여자 녀 총6획 | 妈 妈 妈 妈 妈 妈 |

妈 妈 妈 妈 妈

★ 妈妈好! 엄마, 안녕하세요.   ✦ 妈는 중국어로 '엄마'라는 뜻으로, 아기 때부터 쓰는 말입니다.

| 망할 **망** | wáng | 亠 머리 부분 두 총3획 | 亡 亡 亡 |

亡 亡 亡 亡 亡

★ 亡身 망신 死亡 사망   ✦ 병으로 사망하다.

| 살(사다) **매** | mǎi | 貝 조개 패 총12획 | 買買買買買買買買買買買買
买买买买买买 |

買 買 買 买 买

★ 買入 매입 賣買 매매   ✦ 공장부지를 매입하다.

| 팔(팔다) **매** | mài | 貝 조개 패 총15획 | 賣賣賣賣賣賣賣賣賣賣賣賣
卖卖卖卖卖卖卖卖 |

賣 賣 賣 卖 卖

★ 賣出 매출 不賣 불매   ✦ 부동산 매매(賣買).

| 아름다울 **미** | měi | 羊 양 양 총9획 | 美美美美美美美美美 |

美 美 美 美 美

★ 美德 미덕 美人圖 미인도   ✦ 전쟁을 미화(美化)하다.

2단계 낭송하기

배운 한자를 읽어 볼까요?

▶ 한자의 뜻과 음을 소리 내어 읽어 보세요.

绿 李 动 路 卖
历 例   落 良
美 綠 流 買
勞 妈 歷 亡

▶ 한자어의 음을 소리 내어 읽어 보세요.

童話 例外 死亡 勞動 學歷
勞使 當落 路線 不買 美德
          買入 綠地
      賣買   流通
良心 勞苦 童心 賣出

UNIT 3

3단계 확인하기

배운 한자를 확인해 볼까요?

🐟 한자의 뜻과 음을 찾아 동그라미 해 보세요.

예							
(나라)	집	대문		國	문	(국)	가
아이	어른	청년	노인	童	동	도	덕	동
건너다	떨어지다	오르다	흐르다	落	량	락	례	라
불량하다	길하다	어질다	능하다	良	량	락	낭	랑
지내다	뛰다	현재	미래	歷	력	로	리	례
줄	과제	남자	본보기	例	력	리	례	로
쉬다	힘	일하다	불꽃	勞	례	로	리	력
걸음	마차	손님	길	路	로	력	리	례
푸르다	맺다	등급	풀다	綠	록	례	로	력
마을	흐르다	강	물	流	리	루	로	류
배	사과	오얏(자두)	딸기	李	로	리	류	루
동생	형	아빠	엄마	妈	마	미	매	망
망하다	살다	비싸다	싸다	亡	망	매	미	마
읽다	쓰다	팔다	사다	買	마	망	미	매
쓰다	읽다	사다	팔다	賣	미	망	마	매
지혜롭다	순박하다	아름답다	어질다	美	망	미	마	매

46 신나는 한자 5급

4단계 기억하기

새로운 한자를 기억해 볼까요?

🐟 한자에 알맞은 훈음을 써 보세요.

> 예시 韓(韩) ➡ 한국 한

1. 童
2. 落
3. 良
4. 歷(历)
5. 例
6. 勞(劳)
7. 路
8. 綠(绿)
9. 流
10. 李
11. 媽(妈)
12. 亡
13. 買(买)
14. 賣(卖)
15. 美

🐟 훈음에 알맞은 한자를 써 보세요.

> 예시 한국 한 ➡ 韓 또는 韩

1. 아이 동
2. 떨어질 락
3. 어질 량
4. 지낼 력
5. 본보기 례
6. 일할 로
7. 길 로
8. 푸를 록
9. 흐를 류
10. 오얏 리
11. 엄마 마
12. 망할 망
13. 살 매
14. 팔 매
15. 아름다울 미

UNIT 4

설명에 맞는 낱말을 글자판에서 찾아 ○표 하세요.
낱말들은 가로, 세로, 대각선으로 숨어 있어요.

나는야 한자왕!

服	奉	仕	法	發	反
病	百	發	百	中	法
生	老	病	死	法	月
史	福	使	服	仕	下
奉	上	命	下	服	氷
算	服	反	發	史	人

① 병이 남.
② '백 번 쏘아 백 번 맞힌다'는 뜻으로, 총이나 활 따위를 쏠 때마다 겨눈 곳에 다 맞음을 이르는 말.
③ '위에서 명령하면 아래에서는 복종한다'는 뜻으로, 상하 관계가 분명함을 이르는 말.
④ 사람이 나고 늙고 병들고 죽는 네 가지 고통.
⑤ '월하노인과 빙상인'이라는 뜻으로, 중매를 하는 사람을 이르는 말.

정답 ①發病(발병) ②百發百中(백발백중) ③上命下服(상명하복) ④生老病死(생로병사) ⑤月下氷人(월하빙인)

1단계 한자쓰기

새로운 한자를 만나 볼까요?

| 순박할, 성씨 **박** pǔ, piáo | 木 나무 목 총6획 | 朴朴朴朴朴朴 |

朴

★ 朴氏夫人 박씨부인

| 돌이킬 **반** fǎn | 又 또 우 총4획 | 反反反反 |

反

★ 反問 반문 反感 반감 ★ 상대팀의 반감을 사다.

| 필, 쓸 **발** fā | 癶 걸을 발 총12획 | 發發發發發發發發發發發發 发发发发发 |

發

★ 發見 발견 發明 발명 ★ 발명왕 에디슨.

| 법 **법** fǎ | 水 물 수 총8획 | 法法法法法法法法 |

法

★ 法度 법도 法定 법정 ★ 여러 가지 법도를 익히다.

| 병사 **병** bīng | 八 여덟 팔 총7획 | 兵兵兵兵兵兵兵 |

兵

★ 兵卒 병졸 海兵 해병 ★ 손자병법(兵法).

UNIT 4 49

| 병, 병들 병 | bìng | 疒 병들 녁 총10획 | 病病病病病病病病病病 |

病

★ 病院 병원　發病 발병　✦ 유행병(流行病)이 크게 번지다.

| 옷 복, 다스릴 복 | fú, fù | 月 달 월 총8획 | 服服服服服服服服 |

服

★ 衣服 의복　服用 복용　✦ 복용 방법을 자세히 설명하다.

| 복 복 | fú | 示 보일 시 총14획 *간체자는 13획 | 福福福福福福福福福福福福福福 |

福

★ 福利 복리　多福 다복　✦ 다복한 생활을 하다.

| 받들 봉 | fèng | 大 큰 대 총8획 | 奉奉奉奉奉奉奉奉 |

奉

★ 奉安 봉안　信奉 신봉　✦ 현실주의를 신봉하다.

| 얼음 빙 | bīng | 水 물 수 총5획 | 氷氷氷氷氷
冰冰冰冰冰冰 |

氷 冰

★ 氷水 빙수　結氷 결빙　✦ 팥과 과일을 듬뿍 넣은 빙수.

선생님 확인

부모님 확인

벼슬, 섬길 사 shì

人 사람 인 총5획

仕仕仕仕仕

仕		仕	仕	仕	仕		

奉仕 봉사 出仕 출사

궁중에 출사하다.

역사, 사기 사 shǐ

口 입 구 총5획

史史史史史

史		史	史	史	史		

史記 사기 靑史 청사

청사에 길이 이름을 남기다.

하여금, 부릴 사 shǐ

人 사람 인 총8획

使使使使使使使使

使		使	使	使	使		

使臣 사신 使命 사명

고종 황제 특사(特使).

생각 사 sī

心 마음 심 총9획

思思思思思思思思思

思		思	思	思	思		

思考 사고 意思 의사

의사 전달이 잘되다.

셈 산 suàn

竹 대 죽 총14획

算算算算算算算算算算算算算算

算		算	算	算	算		

計算 계산 算出 산출

원가산출.

2단계 낭송하기

배운 한자를 읽어 볼까요?

> 한자의 뜻과 음을 소리 내어 읽어 보세요.

反　使　发　使　福
算　兵　法　朴
奉　　　　　仕
　　發　　病
冰　服　思

> 한자어의 음을 소리 내어 읽어 보세요.

反問　衣服　海兵　服用　氷水
思考　發見　奉安　發病　信奉
　　　　結氷　多福
　　　法度　　　使臣
　反對　史記　書法　反感

3단계 확인하기

배운 한자를 확인해 볼까요?

한자의 뜻과 음을 찾아 동그라미 해 보세요.

예

뜻				한자	음			
(나라)	집	대문		國	문	(국)	가	
순박하다	지혜롭다	어질다	아름답다	朴	박	반	복	법
망하다	길하다	가르치다	돌이키다	反	반	복	발	법
지다	피다	열매	뿌리	發	복	법	발	봉
지혜	법	가다	물	法	법	빙	봉	복
군사	마차	법	길	兵	빙	병	복	봉
약	병	밥	물	病	복	병	봉	빙
신발	밥	옷	집	服	복	병	봉	빙
불행	지혜	복	마음	福	병	복	빙	봉
받들다	산	봉우리	불꽃	奉	봉	빙	병	복
비	눈	얼음	우박	氷	빙	봉	복	병
절	벼슬	사람	선비	仕	소	사	시	세
역사	벼슬	선비	부리다	史	사	세	수	소
역사	부리다	벼슬	선비	使	세	수	소	사
마음	역사	생각	선비	思	사	세	수	소
눈	코	셈	대나무	算	성	상	선	산

UNIT 4

4단계 기억하기

새로운 한자를 기억해 볼까요?

🐟 한자에 알맞은 훈음을 써 보세요.

> 예시) 韓(韩) ➡ 한국 한

1. 朴
2. 反
3. 發(发)
4. 法
5. 兵
6. 病
7. 服
8. 福(福)
9. 奉
10. 氷(冰)
11. 仕
12. 史
13. 使
14. 思
15. 算

🐟 훈음에 알맞은 한자를 써 보세요.

> 예시) 한국 한 ➡ 韓 또는 韩

1. 순박할 **박**
2. 돌이킬 **반**
3. 필 **발**
4. 법 **법**
5. 병사 **병**
6. 병 **병**
7. 옷 **복**
8. 복 **복**
9. 받들 **봉**
10. 얼음 **빙**
11. 벼슬 **사**
12. 역사 **사**
13. 부릴 **사**
14. 생각 **사**
15. 셈 **산**

UNIT 5

설명에 맞는 낱말을 글자판에서 찾아 ○표 하세요.
낱말들은 가로, 세로, 대각선으로 숨어 있어요.

나는야 한자왕!

相	代	代	孫	孫	宿
術	孫	言	相	宿	順
消	席	數	行	席	省
習	消	教	學	相	長
百	讀	百	習	術	反
樹	宿	順	雪	勝	習

① 가르치는 일과 배우는 일이 서로 자신의 공부를 성장시킨다는 말.
② 오래도록 내려오는 여러 대.
③ 백 번 읽고 백 번 쓰는 것.
④ 하는 말과 하는 짓이 서로 어긋나거나 반대됨.
⑤ 배워서 익힘.

정답 ①教學相長(교학상장) ②代代孫孫(대대손손) ③百讀百習(백독백습) ④言行相反(언행상반) ⑤學習(학습)

1단계 한자쓰기

새로운 한자를 만나 볼까요?

| 서로, 살필 **상** xiāng, xiàng | 目 눈 목 총9획 | 相相相相相相相相相 |

相

★ 相反 상반 相對 상대 ★ 상대적 우월감.

| 자리 **석** xí | 巾 수건 건 총10획 | 席席席席席席席席席席 |

席

★ 首席 수석 出席 출석 ★ 출석을 부르다.

| 눈 **설** xuě | 雨 비 우 총11획 | 雪雪雪雪雪雪雪雪雪雪雪 |

雪

★ 雪原 설원 白雪 백설 ★ 백설같이 희다.

| 살필 **성** 줄일 **생** xǐng, shěng | 目 눈 목 총9획 | 省省省省省省省省省 |

省

★ 反省 반성 自省 자성 ★ 안전 불감증에 대한 자성.

| 씻을 **세** xǐ, xiǎn | 水 물 수 총9획 | 洗洗洗洗洗洗洗洗洗 |

洗

★ 洗禮 세례 洗車 세차 ★ 친환경 세차장.

신나는 한자 5급

| 사라질 **소** | xiāo | 水 물 수　총10획 |

消失 소실　消化 소화　★ 악역을 완벽하게 소화하다.

| 빠를 **속** | sù | 辶 쉬엄쉬엄 갈 착　총11획 *간체자는 10획 |

過速 과속　急速 급속　★ 중국의 급속한 산업화.

| 손자 **손** | sūn | 子 아들 자　총10획 |

孫子 손자　後孫 후손　★ 후손에게 이어지다.

| 셈 **수** | shǔ, shù | 攵 칠 복　총15획 |

多數 다수　數學 수학　★ 절대다수의 지지를 받다.

| 나무 **수** | shù | 木 나무 목　총16획 |

樹木 수목　樹立 수립　★ 수목원에 놀러가다.

| 잠잘 **숙** 별자리 **수** | sù | 宀 집 면 총11획 |

宿題 숙제 宿食 숙식
★ 기숙사에 숙식하다.

| 순할, 따를 **순** | shùn | 頁 머리 혈 총12획 |

順理 순리 順位 순위
★ 순위를 정하다.

| 재주, 꾀 **술** | shù | 行 다닐 행 총11획 |

學術 학술 手術 수술
★ 이번 연구는 학술적 가치가 매우 크다.

| 익힐 **습** | xí | 羽 깃 우 총11획 |

習作 습작 學習 학습
★ 이론과 실습(實習).

| 이길 **승** | shèng | 力 힘 력 총12획 |

勝利 승리 名勝地 명승지
★ 명승고적을 찾아가다.

2단계 낭송하기

배운 한자를 읽어 볼까요?

🐟 한자의 뜻과 음을 소리 내어 읽어 보세요.

席 洗 雪 術 順
數 樹 習 消
孫 術 樹 數
孫 宿 順 速

🐟 한자어의 음을 소리 내어 읽어 보세요.

首席 順理 順位 相對 過半數
子孫 雪原 手術 術數 名勝
相反 樹木
習作 數學
反省 學習 出席 白雪

3단계 확인하기

배운 한자를 확인해 볼까요?

🐟 한자의 뜻과 음을 찾아 동그라미 해 보세요.

예							
나라	집	대문		國	문	국	가
생각	타인	자기	서로	相	성	상	설	식
병	생각	법도	자리	席	석	성	식	설
눈(snow)	비	서리	구름	雪	성	석	설	식
많다	살피다	씻다	적다	省	석	성	설	생
먼저	물	씻다	벗다	洗	세	습	소	소
닮다	사라지다	물	나타나다	消	소	습	실	수
빠르다	느리다	건너다	이르다	速	속	순	습	실
형	아우	할아버지	손자	孫	습	손	실	순
뿌리	나무	가지	셈	數	수	서	소	실
꽃	풀	나무	강	樹	실	손	소	수
먹다	놀다	잠자다	쉬다	宿	숙	실	수	순
악하다	순하다	어질다	아름답다	順	숙	수	순	실
재주	가다	뿌리	나무	術	숙	습	술	실
가르치다	익히다	쓰다	듣다	習	습	실	습	식
잇다	비기다	이기다	지다	勝	승	식	실	습

신나는 한자 5급

4단계 기억하기

새로운 한자를 기억해 볼까요?

🐟 한자에 알맞은 훈음을 써 보세요.

예시: 韓(韩) ➡ 한국 한

1. 相
2. 席
3. 雪
4. 省
5. 洗
6. 消
7. 速(速)
8. 孫(孙)
9. 數(数)
10. 樹(树)
11. 宿
12. 順(顺)
13. 術(术)
14. 習(习)
15. 勝(胜)

🐟 훈음에 알맞은 한자를 써 보세요.

예시: 한국 한 ➡ 韓 또는 韩

1. 서로 **상**
2. 자리 **석**
3. 눈 **설**
4. 살필 **성**
5. 씻을 **세**
6. 사라질 **소**
7. 빠를 **속**
8. 손자 **손**
9. 셈 **수**
10. 나무 **수**
11. 잠잘 **숙**
12. 순할 **순**
13. 재주 **술**
14. 익힐 **습**
15. 이길 **승**

UNIT 5

UNIT 6

설명에 맞는 낱말을 글자판에서 찾아 ○표 하세요.
낱말들은 가로, 세로, 대각선으로 숨어 있어요.

나는야 한자왕!

敬	天	愛	人	失	臣
始	有	見	野	漁	式
藥	名	億	金	愛	野
萬	無	一	失	如	失
事	實	無	根	實	石
業	如	業	漁	億	陽

① '황금 보기를 돌같이 한다'는 뜻에서, 대의를 위해서 부귀영화를 돌보지 않는다는 의미로 쓰임.
② 하늘을 공경하고 사람을 사랑하라'라는 뜻으로써, 단군신화에 그 기원을 둔 사상. 자연의 순리에 충실하면서도 인간 존중의 이념을 담고 있음.
③ 실패하거나 실수할 염려가 조금도 없음.
④ 근거가 없음.
⑤ 사실 그대로 고함.

정답 ①見金如石(견금여석) ②敬天愛人(경천애인) ③萬無一失(만무일실) ④事實無根(사실무근) ⑤有名無實(유명무실)

1단계 한자쓰기

새로운 한자를 만나 볼까요?

| 처음(비로소) **시** shǐ | 女 여자 녀 총8획 | 始 始 始 始 始 始 始 |

始

★ 始作 시작   原始 원시   ★ 원시 밀림 지대.

| 법 **식** shì | 弋 주살 익 총6획 | 式 式 式 式 式 式 |

式

★ 式順 식순   方式 방식   ★ 수학 공식(公式)에 대입하다.

| 신하 **신** chén | 臣 신하 신 총6획 | 臣 臣 臣 臣 臣 臣 |

臣

★ 臣下 신하   功臣 공신   ★ 우승에 이바지한 일등 공신.

| 잃을 **실** shī | 大 큰 대 총5획 | 失 失 失 失 失 |

失

★ 失手 실수   失業 실업   ★ 실업이 크게 증가하다.

| 열매 **실** shí | 宀 집 면 총14획 | 實 實 實 實 實 實 實 實 實 實 實 實 實 實
实 实 实 实 实 实 实 实 |

實

★ 實在 실재   現實 현실   ★ 이상과 현실.

| 아이 **아** | ér | 儿 걷는 사람 인 총8획 | 兒兒兒兒兒兒兒兒 儿儿 |

兒 兒 兒 兒 儿 儿

★ 兒童 아동   女兒 여아   ✦ 씩씩한 대한의 남아(男兒).

| 사랑 **애** | ài | 心 마음 심 총13획 | 愛愛愛愛愛愛愛愛愛愛愛愛 愛愛愛愛愛愛愛愛愛愛 |

愛 愛 愛 愛 爱 爱

★ 愛國 애국   愛好 애호   ✦ 친구 간에 우애(友愛)가 두텁다.

| 들 **야** | yě | 里 마을 리 총11획 | 野野野野野野野野野野野 |

野 野 野 野 野

★ 野外 야외   分野 분야   ✦ 경제 분야의 전문가.

| 약 **약** | yào | 艹 풀 초 총19획 | 藥藥藥藥藥藥藥藥藥藥藥藥藥藥 药药药药药药药药药 |

藥 藥 藥 藥 药

★ 藥草 약초   農藥 농약   ✦ 약물(藥物)에 중독되다.

| 큰 바다 **양** | yáng | 水 물 수 총9획 | 洋洋洋洋洋洋洋洋洋 |

洋 洋 洋 洋 洋

★ 海洋 해양   遠洋 원양   ✦ 원양에서 잡은 참치.

| 볕 양 | yáng | 阜 언덕 부　총12획 |

陽陽陽陽陽陽陽陽陽陽陽
阳阳阳阳阳阳

陽　陽　陽　陽　陽　阳　阳

★ 陽地 양지　太陽 태양　☆ 양지식물과 음지식물.

| 고기 잡을 어 | yú | 水 물 수　총14획 |

漁漁漁漁漁漁漁漁漁漁漁漁
漁漁漁漁漁漁漁漁

漁　漁　漁　漁　漁　渔　渔

★ 漁夫 어부　農漁村 농어촌　☆ 농어촌 인구 감소.

| 억 억 | yì | 人 사람 인　총15획 |

億億億億億億億億億億億
亿亿亿

億　億　億　億　億　亿　亿

★ 億萬 억만　十億 십억　☆ 수억만 년 전에 살았던 공룡.

| 일, 업 업 | yè | 木 나무 목　총13획 |

業業業業業業業業業業業業
业业业业业

業　業　業　業　業　业　业

★ 業體 업체　事業 사업　☆ 자동차 업체.

| 같을 여 | rú | 女 여자 녀　총6획 |

如如如如如如

如　如　如　如　如　如　如

★ 如前 여전　如意 여의　☆ 생활이 만족스럽고 여의하다.

UNIT 6　65

2단계 낭송하기

배운 한자를 읽어 볼까요?

🐟 한자의 뜻과 음을 소리 내어 읽어 보세요.

式 實 失 兒 业
漁 兒 億 野
臣 陽 如 洋
愛 藥 失 業

🐟 한자어의 음을 소리 내어 읽어 보세요.

式順 億萬 格式 失業 小兒
愛好 臣下 事業 功臣 友愛
野外 實在
漁夫 藥草
如前 現實 分野 藥物

3단계 확인하기

배운 한자를 확인해 볼까요?

🐟 한자의 뜻과 음을 찾아 동그라미 해 보세요.

예								
(나라)	집	대문		國	문	(국)	가	
처음	중간	끝	저녁	始	신	시	세	습
긋다	이루다	법	음식	式	식	신	실	습
눈	임금	자손	신하	臣	신	식	습	실
잃다	채우다	화살	열매	失	식	실	식	습
음식	잃다	열매	이기다	實	실	습	십	식
부모	아이	할아버지	걷다	兒	아	여	야	용
심장	사랑	열매	법도	愛	억	여	애	야
들판	강	산	하늘	野	야	억	영	여
풀	즐기다	병	약	藥	약	억	업	여
강	산	큰바다	하늘	洋	용	양	웅	영
볕	마당	언덕	그늘	陽	양	영	용	웅
물고기	고기잡다	물	불	漁	이	의	아	어
백	만	억	천	億	안	영	어	억
음식	재주	나무	일	業	업	양	여	연
같다	입	다르다	여자	如	양	업	여	연

UNIT 6 67

4단계 기억하기

새로운 한자를 기억해 볼까요?

🐟 한자에 알맞은 훈음을 써 보세요.

> 예시 韓(韩) ➡ 한국 한

1. 始
2. 式
3. 臣
4. 失
5. 實(实)
6. 兒(儿)
7. 愛(爱)
8. 野
9. 藥(药)
10. 洋
11. 陽(阳)
12. 漁(渔)
13. 億(亿)
14. 業(业)
15. 如

🐟 훈음에 알맞은 한자를 써 보세요.

> 예시 한국 한 ➡ 韓 또는 韩

1. 처음 시
2. 법 식
3. 신하 신
4. 잃을 실
5. 열매 실
6. 아이 아
7. 사랑 애
8. 들 야
9. 약 약
10. 큰바다 양
11. 볕 양
12. 고기잡을 어
13. 억 억
14. 일 업
15. 같을 여

UNIT 7

설명에 맞는 낱말을 글자판에서 찾아 ○표 하세요.
낱말들은 가로, 세로, 대각선으로 숨어 있어요.

나는야 한자왕!

任	由	事	勇	雲	不
因	然	親	不	油	要
交	友	以	信	飮	不
源	油	孝	實	然	急
雲	任	然	源	直	任
油	醫	院	園	油	告

① 세속 오계의 하나. 벗을 사귀는 데 믿음을 바탕으로 함.
② 필요하지도 않고 급하지도 않음.
③ 세속 오계의 하나. 어버이를 섬기기를 효도로써 함을 이름.
④ 진료 시설을 갖추고 의사가 의료 행위를 하는 곳.
⑤ 이름만 그럴듯하고 실속은 없음.

정답 ①交友以信(교우이신) ②不要不急(불요불급) ③事親以孝(사친이효) ④醫院(의원) ⑤以實直告(이실직고)

1단계 한자쓰기

새로운 한자를 만나 볼까요?

| 그러할 **연** | rán | 火 불 화 총12획 | 然然然然然然然然然然然然 |

然

* 自**然** 자연 果**然** 과연
* 과**연** 들던 대로다.

| 따뜻할 **온** | wēn | 水 물 수 총13획 | 溫溫溫溫溫溫溫溫溫溫溫溫溫 |

溫

* **溫**和 온화 氣**溫** 기온
* 연평균 기**온**.

| 구할 **요** | yāo, yào | 襾 덮을 아 총9획 | 要要要要要要要要要 |

要

* **要**因 요인 必**要** 필요
* 필**요**는 발명의 어머니.

| 날랠 **용** | yǒng | 力 힘 력 총9획 | 勇勇勇勇勇勇勇勇勇 |

勇

* **勇**氣 용기 **勇**士 용사
* 베트남 참전 용**사**.

| 구름 **운** | yún | 雨 비 우 총12획 | 雲雲雲雲雲雲雲雲雲雲雲雲
云云云云 |

雲

* **雲**集 운집 風**雲** 풍운
* 같은 뜻을 가진 사람들이 서울로 운**집**했다.

70 신나는 한자 5급

| 집**원** | yuàn | 阜 언덕 부 총10획 *간체자는 9획 | 院院院院院院院院院院 |

院

⭐ 學**院** 학원　入**院** 입원　💜 **입원**치료를 받다.

| 근원**원** | yuán | 水 물 수 총13획 | 源源源源源源源源源源源源源 |

源

⭐ 字**源** 자원　根**源** 근원　💜 압록강의 **근원**은 백두산.

| 동산**원** | yuán | 口 에울 위 총13획 | 園園園園園園園園園園園園
园园园园园园园 |

園

⭐ 花**園** 화원　果樹**園** 과수원　💜 놀이 공원(公**園**)에서 놀이기구를 타다.

| 말미암을**유** | yóu | 田 밭 전 총5획 | 由由由由由 |

由

⭐ **由**來 유래　理**由** 이유　💜 역사상 **유**래가 없다.

| 기름**유** | yóu | 水 물 수 총8획 | 油油油油油油油油 |

油

⭐ **油**田 유전　原**油** 원유　💜 **원유**를 수입하다.

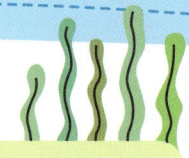

마실 **음**	yǐn	食 먹을 식 총13획

飮 飮 飮 飮 飮 飮 飮 飮 飮 飮 飮 飮
饮 饮 饮 饮 饮 饮 饮

飮 飮 飮 飮 饮 饮

★ 飮食 음식 米飮 미음   ☆ 미음을 쑤다.

의원(의사) **의**	yī	酉 닭 유 총18획

醫 醫 醫 醫 醫 醫 醫 醫 醫 醫 醫 醫 醫 醫 醫
医 医 医 医 医 医 医

醫 醫 醫 医 医

★ 醫術 의술 醫院 의원   ☆ 동양의학(醫學).

써 **이**	yǐ	人 사람 인 총5획 *간체자는 4획

以 以 以 以 以

以 以 以 以

★ 以上 이상 以外 이외   ☆ 관계자 이외 출입금지.

인할, 까닭 **인**	yīn	口 둘레 위 총6획

因 因 因 因 因 因

因 因 因 因

★ 因果 인과 原因 원인   ☆ 싸움의 원인.

맡길 **임**	rèn	人 사람 인 총6획

任 任 任 任 任 任

任 任 任 任

★ 任命 임명 任用 임용   ☆ 공무원 임용 고시를 보다.

2단계 낭송하기

배운 한자를 읽어 볼까요?

▶ 한자의 뜻과 음을 소리 내어 읽어 보세요.

溫 雲 要 任 园
饮 油 因 院
以 勇 由 源
医 飲 醫 園

▶ 한자어의 음을 소리 내어 읽어 보세요.

溫和 理由 根源 氣溫 必要
勇士 雲集
以上 要因 石油
醫院 勇氣
因果 任命
飮食 入院 原因 米飮

3단계 확인하기

한자의 뜻과 음을 찾아 동그라미 해 보세요.

예							
ⓝ나라	집	대문		國	문	ⓝ국	가
개	불	그러하다	같다	然	연	양	업	여
차갑다	얼음	따뜻하다	물	溫	완	원	인	온
같다	구하다	그러하다	다르다	要	연	야	요	여
날래다	남자	여자	느리다	勇	용	윤	영	융
눈	비	구름	서리	雲	의	운	인	원
마을	언덕	집	동산	院	원	의	인	완
동산	집	나무	근원	源	운	인	완	원
동산	근원	집	강가	園	인	원	운	완
적다	말미암다	밭	기름	由	유	의	이	임
말미암다	기름	하늘	밭	油	이	의	임	유
쉬다	하품하다	마시다	먹다	飮	인	음	임	의
의원	병	약	서쪽	醫	의	유	아	이
그러나	그래서	써(~로써)	그런데	以	의	아	유	이
기름	인하다(까닭)	느리다	밭	因	영	임	인	의
벼슬	맡기다	사람	부리다	任	임	의	인	이

4단계 기억하기

새로운 한자를 기억해 볼까요?

▶ 한자에 알맞은 훈음을 써 보세요.

예시 韓(韩) ➡ 한국 한

1. 然
2. 溫(温)
3. 要
4. 勇
5. 雲(云)
6. 院
7. 源
8. 園(园)
9. 由
10. 油
11. 飮(饮)
12. 醫(医)
13. 以
14. 因
15. 任

▶ 훈음에 알맞은 한자를 써 보세요.

예시 한국 한 ➡ 韓 또는 韩

1. 그럴 연
2. 따뜻할 온
3. 구할 요
4. 날랠 용
5. 구름 운
6. 집 원
7. 근원 원
8. 동산 원
9. 말미암을 유
10. 기름 유
11. 마실 음
12. 의원 의
13. 써 이
14. 인할 인
15. 맡길 임

UNIT 7　75

UNIT 8

설명에 맞는 낱말을 글자판에서 찾아 ○표 하세요.
낱말들은 가로, 세로, 대각선으로 숨어 있어요.

나는야 한자왕!

百	昨	展	庭	在	者
山	戰	水	戰	典	定
定	者	百	材	者	人
展	庭	赤	勝	命	材
自	由	自	在	百	的
材	再	天	下	第	一

① 싸울 때마다 모조리 다 이김.
② '산에서도 싸우고 물에서도 싸웠다'는 뜻으로, 세상의 온갖 고생과 어려움을 다 겪었음을 이르는 말.
③ '사람의 목숨은 하늘에 달려 있다'는 뜻으로, 목숨의 길고 짧음은 사람의 힘으로 어쩔 수 없음을 이르는 말.
④ 거침없이 자기 마음대로 할 수 있음.
⑤ 세상에 견줄 만한 것이 없이 최고임.

정답 ①百戰百勝(백전백승) ②山戰水戰(산전수전) ③人命在天(인명재천) ④自由自在(자유자재) ⑤天下第一(천하제일)

1단계 한자쓰기

새로운 한자를 만나 볼까요?

| 사람 자 | zhě | 耂 늙을로 총9획 |

者

- 記者 기자 學者 학자
- 의학 분야의 저명한 학자.

| 어제 작 | zuó | 日 날일 총9획 |

昨

- 昨年 작년 昨今 작금
- 작금에 세태.

| 글 장 | zhāng | 立 설립 총11획 |

章

- 文章 문장 圖章 도장
- 도장을 찍다.

| 두번,다시 재 | zài | 冂 멀경 총6획 |

再

- 再會 재회 再現 재현
- 고려청자의 비취색을 재현하다.

| 있을 재 | zài | 土 흙토 총6획 |

在

- 在任 재임 內在 내재
- 재래(在來)시장.

UNIT 8

재목 **재** cái　木 나무 목　총7획

材材材材材材材

材 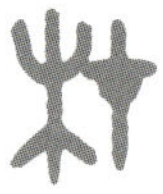 材 材 材 材

材木 재목　人材 인재　인재를 양성하다.

붉을 **적** chì　赤 붉을 적　총7획

赤赤赤赤赤赤赤

赤 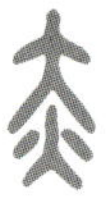 赤 赤 赤 赤

赤字 적자　赤色 적색　건강의 적색 신호.

과녁 **적** dì, dí, de　白 흰 백　총8획

的的的的的的的的

的 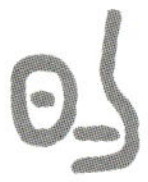 的 的 的 的

的中 적중　目的 목적　뚜렷한 목적을 세우다.

법, 책 **전** diǎn　八 여덟 팔　총8획

典典典典典典典典

典 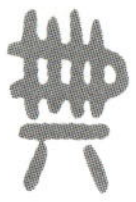 典 典 典 典

古典 고전　字典 자전　자전을 찾아보다.

펼 **전** zhǎn　尸 주검 시　총10획

展展展展展展展展展展

展 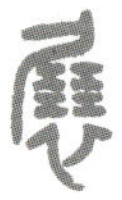 展 展 展 展

展示會 전시회　發展 발전　사업이 나날이 발전하다.

| 선생님 확인 | 부모님 확인 |

싸움 전 | zhàn
戈 창과 총16획

戰 戰術 전술　作戰 작전　★ 전술에 능하다.

정할 정 | dìng
宀 집면 총8획

定　安定 안정　一定 일정　★ 일정한 수입.

뜰 정 | tíng
广 집엄 총10획

庭　庭園 정원　法庭 법정　★ 화목한 가정(家庭).

차례 제 | dì
竹 대죽 총11획

第　第一 제일　落第 낙제　★ 세상에서 제일 높은 산.

제목 제 | tí
頁 머리혈 총18획

題　題目 제목　問題 문제　★ 문제를 풀다.

UNIT 8

2단계 낭송하기

배운 한자를 읽어 볼까요?

🐟 한자의 뜻과 음을 소리 내어 읽어 보세요.

章　在　的　戰　材
題　展　戰　　再
者　　題　昨
赤　　定　典
　　第　　庭

🐟 한자어의 음을 소리 내어 읽어 보세요.

文章　安定　圖章　再現　人材
　　　　　　　　內在　目的
古典　再會　題目
　　　　　赤色　作戰
　　　　　在任
　　　記者　　　展示會
　營第　　戰術　字典

3단계 확인하기

한자의 뜻과 음을 찾아 동그라미 해 보세요.

예							
ⓝ나라	집	대문		國	문	ⓝ국	가
사람	생각하다	날래다	벼슬	者	자	조	주	제
글피	어제	오늘	내일	昨	잔	작	적	전
붓	종이	글	책	章	장	종	정	중
나무	재목	다시	있다	再	주	제	조	재
다시	재목	붉다	있다	在	조	재	주	제
재목	다시	과녁	있다	材	전	적	재	저
법	과녁	사람	붉다	赤	적	작	재	전
붉다	희다	재목	과녁	的	작	재	저	적
곧다	굽다	법	펼치다	典	잔	정	준	전
굽다	펼치다	책	싸움	展	전	정	준	잔
싸움	굽다	펼치다	책	戰	중	전	정	장
뜰	정하다	바르다	걷다	定	정	전	중	장
집	뜰	걷다	정하다	庭	정	장	중	절
아우	대나무	차례	제목	第	재	죽	제	혈
차례	머리	제목	그렇다	題	제	시	혈	체

UNIT 8

4단계 기억하기

새로운 한자를 기억해 볼까요?

▶ 한자에 알맞은 훈음을 써 보세요.

예시 韓(韩) ➡ 한국 한

① 者(者)　　⑥ 材　　⑪ 戰(战)
② 昨　　　　⑦ 赤　　⑫ 定
③ 章　　　　⑧ 的　　⑬ 庭
④ 再　　　　⑨ 典　　⑭ 第
⑤ 在　　　　⑩ 展　　⑮ 題(题)

▶ 훈음에 알맞은 한자를 써 보세요.

예시 한국 한 ➡ 韓 또는 韩

① 사람 자　　⑥ 재목 재　　⑪ 싸움 전
② 어제 작　　⑦ 붉을 적　　⑫ 정할 정
③ 글 장　　　⑧ 과녁 적　　⑬ 뜰 정
④ 두 재　　　⑨ 법 전　　　⑭ 차례 제
⑤ 있을 재　　⑩ 펼 전　　　⑮ 제목 제

82 신나는 한자 5급

UNIT 9

설명에 맞는 낱말을 글자판에서 찾아 ○표 하세요.
낱말들은 가로, 세로, 대각선으로 숨어 있어요.

나는야 한자왕!

安	今	始	初	聞	窓
初	分	紙	一	族	卒
卒	淸	知	行	合	一
責	十	止	足	集	參
充	止	州	注	窓	窓
集	山	高	水	淸	體

① 이제야 비로소 처음으로 들음.
② '하나를 듣고 열 가지를 미루어 안다'는 뜻으로, 지극히 총명함을 이르는 말.
③ '산은 높고 물은 맑다'는 뜻으로, 경치가 좋음을 이르는 말.
④ 편안한 마음으로 제 분수를 지키며 만족할 줄을 앎.
⑤ 지식과 행동이 서로 맞음.

정답 ①今始初聞(금시초문) ②聞一知十(문일지십) ③山高水淸(산고수청) ④安分知足(안분지족) ⑤知行合一(지행합일)

1단계 한자쓰기

새로운 한자를 만나 볼까요?

| 겨레 족 | zú | 方 모 방 총11획 | 族族族族族族族族族族族 |

族

族 族 族 族

★ 家族 가족 部族 부족   ☆ 부족 공동체.

| 병사, 마칠 졸 | zú, cù | 十 열 십 총8획 | 卒卒卒卒卒卒卒卒 |

卒

卒 卒 卒 卒

★ 卒業 졸업 卒兵 졸병   ☆ 병졸(兵卒)과 장수.

| 고을 주 | zhōu | 巛 내 천 총6획 | 州州州州州州 |

州

州 州 州 州

★ 光州 광주 淸州 청주   ☆ 빛고을, 광주에 놀러가다.

| 물댈, 부을 주 | zhù | 水 물 수 총8획 | 注注注注注注注注 |

注

注 注 注 注

★ 注入 주입 注意 주의   ☆ 취급 주의.

| 그칠 지 | zhǐ | 止 그칠 지 총4획 | 止 止 止 止 |

止

止 止 止 止

★ 止血 지혈 中止 중지   ☆ 핵실험 중지.

| 알(알다) 지 | zhī | 矢 화살 시　총8획 | 知知知知知知知 |

知

* 知能 지능　感知 감지　★ 지능이 높은 사람.

| 종이 지 | zhǐ | 糸 실 사　총10획 | 紙紙紙紙紙紙紙紙紙紙 |

紙

* 紙面 지면　便紙 편지　★ 기사를 지면에 싣다.

| 모일 집 | jí | 隹 새 추　총12획 | 集集集集集集集集集集集 |

集

* 集中 집중　集大成 집대성　★ 인구의 대도시 집중.

| 참여할 참 | cān | ム 사사 사　총11획 | 參參參參參參參參參參參 |

參

* 參加 참가　參席 참석　★ 남의 일에 참견(參見)하다.

| 창문 창 | chuāng | 穴 굴 혈　총12획 | 窓窓窓窓窓窓窓窓窓窓窓窓 |

窓

* 窓門 창문　同窓 동창　★ 우리는 동창이다.

UNIT 9　85

| 꾸짖을 책 | zé | 貝 조개 패 총11획 |

責任 책임　自責 자책　★ 자신의 비겁함을 자책하다.

| 맑을 청 | qīng | 水 물 수 총11획 |

淸明 청명　淸算 청산　★ 청명한 봄 날씨.

| 몸 체 | tǐ | 骨 뼈 골 총23획 |

體育 체육　身體 신체　★ 건전한 신체에 건전한 정신이 깃든다.

| 처음 초 | chū | 刀 칼 도 총7획 |

初步 초보　始初 시초　★ 초보 운전자.

| 채울 충 | chōng | 儿 걷는 사람 인 총6획 |

充實 충실　充足 충족　★ 그만하면 충분(充分)하다.

2단계 낭송하기

배운 한자를 읽어 볼까요?

🐟 한자의 뜻과 음을 소리 내어 읽어 보세요.

注 知 纸 參 窓
責 窓 初   州
淸   體 充 責
族 紙 集 參

🐟 한자어의 음을 소리 내어 읽어 보세요.

注入 初步 淸州 注意 知能
參加 光州 充實 中止 紙面
           體育 窓門
        止血   家族
集合 充足 淸算 責任

3단계 확인하기

한자의 뜻과 음을 찾아 동그라미 해 보세요.

예						
(나라)	집	대문	國	문	(국)	가
겨레	모서리	잃다	族	각	실	군	족
장군	병사	비로소	시작하다	卒	졸	술	시	장
섬	산	마당	고을	州	졸	주	지	정
물	주되다	고을	붓다	注	주	원	종	지
발	걸음	그치다	시작하다	止	보	족	시	지
알다	화살	입	잃다	知	지	시	구	자
맺다	실	종이	붓	紙	필	지	결	사
나무	모이다	흩어지다	뿌리	集	집	지	근	목
정하다	참여하다	시작하다	모이다	參	집	삼	참	청
창문	뜰	마당	집	窓	창	책	청	참
모이다	꾸짖다	시작하다	그렇다	責	견	책	충	청
푸르다	개다	맑다	요청하다	淸	책	청	창	충
피	살	몸	뼈	體	체	혈	신	골
끝	중간	칼	처음	初	시	도	초	중
채우다	꾸짖다	모이다	시작하다	充	충	책	집	시

4단계 기억하기

새로운 한자를 기억해 볼까요?

🐟 한자에 알맞은 훈음을 써 보세요.

예시 韓(韩) ➡ 한국 한

1. 族
2. 卒
3. 州
4. 注
5. 止
6. 知
7. 紙(纸)
8. 集
9. 參(参)
10. 窓(窗)
11. 責(责)
12. 淸(清)
13. 體(体)
14. 初
15. 充

🐟 훈음에 알맞은 한자를 써 보세요.

예시 한국 한 ➡ 韓 또는 韩

1. 겨레 족
2. 마칠 졸
3. 고을 주
4. 물댈 주
5. 그칠 지
6. 알 지
7. 종이 지
8. 모일 집
9. 참여할 참
10. 창문 창
11. 꾸짖을 책
12. 맑을 청
13. 몸 체
14. 처음 초
15. 채울 충

UNIT 10

설명에 맞는 낱말을 글자판에서 찾아 ○표 하세요.
낱말들은 가로, 세로, 대각선으로 숨어 있어요.

나는야 한자왕!

百	年	河	淸	現	黑
千	天	下	一	品	幸
萬	號	現	河	特	號
多	黑	特	淸	黑	現
幸	運	品	黑	下	凶
品	特	河	必	要	號

① '중국의 황하가 늘 흐려 맑을 때가 없다'는 뜻으로, 아무리 오랜 시일이 지나도 어떤 일이 이루어지기 어려움을 이르는 말.
② 아주 다행함.
③ 세상에 오직 하나밖에 없거나 매우 뛰어나서 세상에서 견줄 만한 것이 없음. 또는 그런 물품.
④ 반드시 요구되는 바가 있음.
⑤ 좋은 운수. 또는 행복한 운수.

정답 ①百年河淸(백년하청) ②千萬多幸(천만다행) ③天下一品(천하일품) ④必要(필요) ⑤幸運(행운)

1단계 한자쓰기

새로운 한자를 만나 볼까요?

| 특별할 특 | tè | 牛 소우 총10획 | 特 特 特 特 特 特 特 特 特 特 |

特

- 特別 특별   特定 특정
- 이 법은 特定 계층에만 적용된다.

| 아빠 파 | bà | 父 아버지 부 총8획 | 爸 爸 爸 爸 爸 爸 爸 爸 |

爸

- 爸爸好! 아버지,안녕하세요.
- 爸는 중국어로 '아빠'라는 뜻으로 아기 때부터 쓰는 말입니다.

| 겉 표 | biǎo | 衣 옷 의 총8획 | 表 表 表 表 表 表 表 表 |

表

- 表示 표시   發表 발표
- 합격자 명단이 發表되다.

| 물건 품 | pǐn | 口 입구 총9획 | 品 品 品 品 品 品 品 品 品 |

品

- 名品 명품   醫藥品 의약품
- 고귀한 인品(人品).

| 반드시 필 | bì | 心 마음 심 총5획 | 必 必 必 必 必 |

必

- 必勝 필승   生必品 생필품
- 생必品 가격이 크게 올랐다.

물, 강 이름 **하** hé | 水 물 수 총8획

河河河河河河河河

河	𣴑	河	河	河	河		

河川 하천 氷河 빙하 · 오염된 하천.

다행 **행** xìng | 干 방패 간 총8획

幸幸幸幸幸幸幸幸

幸	㚔	幸	幸	幸	幸		

幸福 행복 多幸 다행 · 최대 다수의 최대 행복.

나타날 **현** xiàn | 玉 구슬 옥 총11획

現現現現現現現現現現現
现现现现现现现现

現	𤣩	現	現	現	现	现	

現在 현재 表現 표현 · 과거 · 현재 · 미래.

이름 **호** 부르짖을 **호** háo, hào | 虍 범 호 총13획

號號號號號號號號號號號號號
号号号号号

號	号	號	號	號	号	号	

番號 번호 記號 기호 · 발음 기호를 달다.

될 **화** huà | 匕 비수 비 총4획

化化化化

化	𠤎	化	化	化	化		

化石 화석 強化 강화 · 한국 문화(文化)의 전통.

| 그림 화, 그을 획 | huà | 田 밭 전 총12획 |

畫

★ 畫室 화실 畫家 화가 ★ 액정 화면(畫面).

| 가르칠 훈 | xùn | 言 말씀 언 총10획 |

訓

★ 家訓 가훈 敎訓 교훈 ★ 훈민정음(訓民正音) 창제.

| 흉할 흉 | xiōng | 凵 입벌릴 감 총4획 |

凶

★ 凶年 흉년 凶物 흉물 ★ 흉년이 들자 나라에서 구휼미를 나누어 주었다.

| 검을 흑 | hēi | 黑 검을 흑 총12획 |

黑

★ 黑白 흑백 黑字 흑자 ★ 흑자 경영을 하다.

| 매우 흔 | hěn | 彳 조금 걸을 척 총9획 |

很

★ 很多 매우 많다 很好 매우 좋다 ★ 很은 중국에서 '매우'라는 뜻으로 자주 사용되는 한자입니다.

2단계 낭송하기

배운 한자를 읽어 볼까요?

🐟 한자의 뜻과 음을 소리 내어 읽어 보세요.

必　幸　品　現　畫
　　號　　很　訓
黑　　　　　　
　凶　　河　数　特
　　化　　現　表
畫

🐟 한자어의 음을 소리 내어 읽어 보세요.

名品　幸福　現在　凶年　黑白
河川　必勝　番號　畫室　訓示
　　　　　化石　性品
　　　　生必品　　信號
　表現　畫家　山河　多幸

3단계 확인하기

배운 한자를 확인해 볼까요?

🐟 한자의 뜻과 음을 찾아 동그라미 해 보세요.

예							
(나라)	집	대문		國	문	(국)	가
채우다	쥐다	기다리다	특별하다	特	대	특	지	의
할아버지	아빠	엄마	형	爸	파	부	표	바
겉	신발	안	옷	表	표	파	의	리
겉	물건	입	머리	品	편	평	품	필
마음	물	하늘	반드시	必	필	심	천	하
산	시내	바다	물	河	후	호	허	하
다행	모이다	맵다	매우	幸	신	행	형	항
시작하다	보이다	나타나다	채우다	現	현	황	형	견
부르짖다	호랑이	토끼	물건	號	호	후	허	하
풀	되다	그림	꽃	化	호	화	흉	후
그리다	가르치다	익히다	낮	畫	화	호	하	현
말	말하다	가르치다	개울	訓	훈	형	헌	홀
우물	구덩이	흉하다	틀리다	凶	형	엄	흉	흑
쓰다	보다	희다	검다	黑	흑	흉	화	홀
매우	종종	가끔	자주	很	흘	한	흔	헌

UNIT 10 95

4단계 기억하기

새로운 한자를 기억해 볼까요?

▶ 한자에 알맞은 훈음을 써 보세요.

> 예시 韓(韩) ➡ 한국 한

1. 特
2. 爸
3. 表
4. 品
5. 必
6. 河
7. 幸
8. 現(现)
9. 號(号)
10. 化
11. 畵(画)
12. 訓(训)
13. 凶
14. 黑
15. 很

▶ 훈음에 알맞은 한자를 써 보세요.

> 예시 한국 한 ➡ 韓 또는 韩

1. 특별할 **특**
2. 아빠 **파**
3. 겉 **표**
4. 물건 **품**
5. 반드시 **필**
6. 물 **하**
7. 다행 **행**
8. 나타날 **현**
9. 부르짖을 **호**
10. 될 **화**
11. 그림 **화**
12. 가르칠 **훈**
13. 흉할 **흉**
14. 검을 **흑**
15. 매우 **흔**

교과서 한자어 참뜻 알기

한자어	독음	뜻
加算	가산	더하여 셈함.
加工	가공	원료나 재료에 기술과 힘을 들여 다른 물건으로 만드는 것.
可決	가결	토의하거나 조사하여 할 사실을 합당하다고 인정하여 결정함.
可能	가능	할 수 있거나 될 수 있음.
角度	각도	각의 크기.
死角	사각	어느 각도에서도 보이지 않는 범위.
感動	감동	크게 느끼어 마음이 움직임.
共感	공감	남의 감정, 의견, 주장 따위에 대하여 자기도 그렇다고 느낌.
客席	객석	극장 따위에서 손님이 앉는 자리.
主客	주객	주인과 손님.
格式	격식	격에 맞는 일정한 방식.
品格	품격	1.물건의 좋고 나쁨의 정도. 2.사람 된 바탕과 타고난 성품.
對決	대결	옳고 그름, 이김과 짐을 가리기 위해 서로 맞섬.
決勝	결승	운동 경기 따위에서, 마지막 승자를 결정함.
決定	결정	행동이나 태도를 분명하게 정함.
結末	결말	어떤 일이 마무리되는 끝.
結實	결실	식물이 열매를 맺거나 맺은 열매가 여묾.
敬禮	경례	공경을 나타내기 위하여 인사하는 일.
敬老	경로	노인을 공경함.
輕重	경중	가벼움과 무거움.
輕工業	경공업	섬유, 화학, 식료품 등 부피에 비하여 무게가 가벼운 물건을 만드는 공업.
世界	세계	지구 위의 모든 나라.
外界	외계	바깥 세계. 지구 밖의 세계.
考古學	고고학	유물과 유적을 통하여 옛 인류의 생활, 문화 따위를 연구하는 학문.

한자어	독음	뜻
參考	참고	살펴서 생각함.
告發	고발	세상에 잘 알려지지 않은 잘못이나 비리 따위를 드러내어 알림.
公告	공고	세상에 널리 알림.
苦樂	고락	괴로움과 즐거움.
苦生	고생	어렵고 고된 일을 겪음.
名曲	명곡	이름난 악곡. 또는 뛰어나게 잘된 악곡.
曲直	곡직	1.굽음과 곧음. 2.사리의 옳고 그름.
公開	공개	어떤 사실이나 사물, 내용 따위를 여러 사람에게 널리 터놓음.
公共	공공	국가나 사회의 구성원에게 두루 관계되는 일.
結果	결과	1.열매를 맺음. 또는 그 열매. 2.어떤 원인으로 인하여 이루어 진 결말.
成果	성과	1.이루어진 결과. 2.바람직한 결과.
過去	과거	이미 지나간 때.
過勞	과로	몸이 고달플 정도로 지나치게 일함.
地球	지구	태양에 세 번째로 가까운 행성으로서 인류가 살고 있는 땅덩어리.
球根	구근	둥글게 되어 있는 식물의 뿌리. 알뿌리.
郡民	군민	그 군에 사는 사람.
郡內	군내	고을 안.
高貴	고귀	훌륭하고 귀중함.
貴族	귀족	가문이나 신분 등이 좋아 정치적·사회적 특권을 가진 계층.
根本	근본	사물의 본질이나 본바탕.
根性	근성	태어날 때부터 지니고 있는 근본적인 성질.
等級	등급	높고 낮음이나 좋고 나쁨 따위의 차이를 여러 층으로 구분한 단계.
級訓	급훈	학급의 교육 목표로 정한 짧은 말.

한자어	독음	뜻
吉日	길일	운이 좋거나 상서로운 날.
吉凶	길흉	운이 좋고 나쁨.
能動	능동	스스로 내켜서 움직이거나 작용함.
才能	재능	재주와 능력.
堂堂	당당	남 앞에서 내세울 만큼 떳떳한 모습이나 태도.
書堂	서당	글방.
苦待	고대	몹시 기다림.
待合室	대합실	역이나 병원 등에서 손님이 기다리며 머물 수 있도록 마련한 곳.
道德	도덕	인간이 지켜야 할 도리나 바람직한 행동 규범.
德分	덕분	베풀어 준 은혜나 도움.
速度	속도	빠른 정도.
溫度	온도	따뜻함과 차가움의 정도.
運動	운동	사람이 몸을 단련하거나 건강을 위하여 몸을 움직이는 일.
動物	동물	사람을 제외한 짐승·새·벌레·물고기 등의 생물.
童心	동심	어린이의 마음.
童詩	동시	어린이가 지은 시. 또는 어린이를 위한 시.
當落	당락	당선과 낙선을 아울러 이르는 말.
落後	낙후	기술·문화 등의 수준이 뒤떨어짐.
良心	양심	자신의 행위에 대하여 옳고 그름을 판단하고 바른 말과 행동을 하려는 마음씨.
不良	불량	행실이나 성품이 나쁨.
歷史	역사	나라나 민족이 과거에 겪은 변화나 발전을 적은 기록.
來歷	내력	겪어온 자취.
事例	사례	어떤 현상에 대한 예가 되는 실제의 사실.
例外	예외	일반적 규칙이나 정례에서 벗어나는 일.

한자어	독음	뜻
勞使	노사	노동자와 사용자.
勞苦	노고	어떤 일을 이루기 위해 수고스럽게 힘들이고 애씀.
道路	도로	사람, 차 따위가 잘 다닐 수 있도록 만들어 놓은 비교적 넓은 길.
路線	노선	자동차 선로, 철도 선로 따위와 같이 일정한 두 지점을 정기적으로 오가는 교통선.
綠地	녹지	천연적으로 풀이나 나무가 우거진 곳.
草綠	초록	풀과 같이 푸른 빛깔을 띠는 녹색.
流通	유통	1.공기 따위가 막힘이 없이 흘러 통함. 2.화폐나 물품 따위가 세상에서 널리 쓰임.
交流	교류	문화나 사상 등을 나라, 지역, 개인 간에 서로 주고받음.
李花	이화	자두나무에서 피는 꽃.
亡身	망신	말이나 행동을 잘못하여 자기의 지위, 명예, 체면 따위를 손상함.
死亡	사망	사람이 죽음.
買入	매입	물건 등을 사들임.
不買	불매	상품 등을 사지 아니함.
賣出	매출	물건을 내어 팖.
賣買	매매	물건을 팔고 사는 일.
美德	미덕	칭찬을 받을 만큼 아름답고 훌륭한 태도나 행위.
美術	미술	그림이나 조각처럼 일정한 공간을 차지하여 눈으로 볼 수 있는 아름다움을 표현하는 예술.
反對	반대	어떤 행동이나 견해, 제안 따위에 따르지 아니하고 맞서 거스름.
反感	반감	반대하거나 반항하는 감정.
發見	발견	미처 찾아내지 못하였거나 아직 알려지지 아니한 사물이나 현상, 사실 따위를 찾아냄.
發明	발명	아직까지 없던 기술이나 물건을 새로 생각하여 만들어 냄.
法度	법도	지켜야 할 예절이나 행동의 방식.

한자어	독음	뜻
法定	법정	법으로 정하는 것.
兵卒	병졸	옛말로, 군대에서 계급이 낮은 보통 군인.
海兵	해병	해병대에 속한 병사.
流行病	유행병	어떤 지역에 널리 퍼져 여러 사람이 잇따라 돌아가며 옮아 앓는 병.
發病	발병	병이 생기는 것. 병의 증세가 뚜렷이 나타나는 것.
衣服	의복	옷.
服用	복용	약을 먹음.
福利	복리	행복과 이익.
多福	다복	복이 많음. 또는 많은 복.
奉安	봉안	받들어 모심.
信奉	신봉	사상이나 학설, 교리 등을 옳다고 믿고 받듦.
結氷	결빙	물이 얼어 얼음이 됨.
氷水	빙수	얼음물. 덩이 얼음을 갈아서 눈과 같이 만들어 설탕, 과즙 따위를 섞은 것.
奉仕	봉사	자기의 이익을 생각하지 않고 남을 위하여 일하는 것.
出仕	출사	벼슬을 해서 관직에 나아감.
史記	사기	역사적 사실을 기록한 책.
史學家	사학가	역사를 전문적으로 연구하는 사람.
使臣	사신	임금이나 국가의 명령을 받고 외국에 사절로 가는 신하.
使命	사명	맡겨진 임무.
思考	사고	무엇에 대하여 깊이 생각하는 것.
意思	의사	무엇을 하고자 하는 생각.
計算	계산	수를 셈하는 것.
算出	산출	계산하여 냄.
相反	상반	서로 어긋나거나 반대됨.

한자어	독음	뜻
相對的	상대적	서로 맞서거나 비교되는 관계에 있는. 또는 그런 것.
首席	수석	1.시험에서 가장 좋은 성적을 얻은 사람. 2.제일 윗자리.
出席	출석	수업이나 모임 등에 참석하는 것.
雪原	설원	눈이 덮힌 벌판.
白雪	백설	흰 눈.
反省	반성	자신의 언행에 대하여 잘못이나 부족함이 없는지 돌이켜 봄.
自省	자성	자기 자신의 태도나 행동을 스스로 반성함.
洗禮	세례	1.한꺼번에 몰아치는 비난이나 공격. 2.신앙생활에서 베푸는 의식.
洗心	세심	마음을 깨끗하게 함.
消失	소실	사라져 없어짐.
消化	소화	섭취한 음식물을 분해하여 영양분을 흡수하기 쉬운 상태로 변화시키는 일.
過速	과속	지나치게 빠른 속도.
急速	급속	급하고 빠름.
子孫	자손	1.자식과 손자. 2.후손.
孫子	손자	아들의 아들. 또는 딸의 아들.
數學	수학	수에 관한 학문. 또는 수에 관하여 배우는 교과목.
多數	다수	많은 수. 많은 수의 사람.
樹木	수목	살아 있는 여러 큰 나무.
樹立	수립	국가나 정부, 제도, 계획 따위를 이룩하여 세움.
宿題	숙제	1.학생들에게 복습이나 예습을 위하여 집에서 하도록 내 주는 과제. 2.앞으로 해결해야 할 문제.
宿食	숙식	자고 먹음.
順理	순리	마땅한 이치나 도리.
順位	순위	순서를 나타내는 위치나 지위.

한자어	독음	뜻
手術	수술	의사가 병을 고치기 위하여 몸의 어떤 부분을 가르고 잘라내거나 붙이고 꿰매는 일.
術數	술수	어떤 목적을 달성하기 위해, 일을 꾸미는 교묘한 생각이나 방법.
學習	학습	지식이나 기술 등을 배워서 익힘.
習作	습작	연습 삼아 짓거나 그려 봄. 또는 그런 작품.
勝利	승리	전쟁·경기 등에서 겨루어 이기는 것.
名勝地	명승지	명승지. 이름난 경치.
始作	시작	어떤 일이나 행동의 처음 단계를 이루거나 그렇게 하게 함.
原始	원시	1.시작하는 처음. 2.처음 시작된 그대로 있어 발달하지 아니한 상태.
式順	식순	의식을 진행하는 순서.
格式	격식	주위 환경이나 형편에 자연스럽게 어울리는 일정한 형식.
臣下	신하	임금을 섬기어 벼슬하는 사람.
功臣	공신	1.나라를 위하여 특별한 공을 세운 신하. 2.사회나 단체 등에 이바지한 사람이나 사물.
失手	실수	잘 알지 못하여, 또는 주의하지 않아서 저지른 잘못.
失業	실업	일할 능력을 가진 사람이 일할 기회를 얻지 못하거나 일자리를 잃는 것.
實在	실재	실제로 존재함.
現實	현실	지금 실제로 있거나 일어날 수 있는 성질.
兒童	아동	어린아이.
小兒	소아	나이가 어린 사람.
愛好	애호	취미로 어떤 사물이나 일을 매우 좋아하고 즐김.
友愛	우애	형제나 친구 간의 두터운 정과 사랑.
野外	야외	1.건물 밖. 2.마을에서 조금 떨어져 있는 들.
分野	분야	사회 활동의 여러 갈래 중의 하나.
藥草	약초	약으로 쓰는 풀.
農藥	농약	농작물에 해로운 벌레, 병균, 잡초 따위를 없애거나 농작물이 잘 자라게 하는 약품.
海洋	해양	넓고 큰 바다.
遠洋	원양	육지에서 멀리 떨어진 바다.
太陽	태양	태양계의 중심으로, 지구·화성·목성 등 행성들이 그 주위를 돌고 스스로 빛을 내는 큰 별.
陽地	양지	1.볕이 바로 드는 곳. 2.혜택을 받는 처지의 비유.
漁夫	어부	물고기를 잡는 일을 업으로 하는 사람.
農漁村	농어촌	농촌과 어촌.
億萬	억만	1.억과 만. 2.셀 수 없을 만큼 많은 수효의 비유.
事業	사업	어떤 일을 일정한 목적과 계획을 가지고 짜임새 있게 지속적으로 경영함. 또는 그 일.
業體	업체	영업을 하는 조직.
如前하다	여전-	전과 다름이 없다.
如意하다	여의-	일이 마음먹은 대로 되다.
自然	자연	사람이 만든 것이 아니고 저절로 이루어져 있는 세상의 모든 사물.
果然	과연	아닌 게 아니라 정말로.
溫和하다	온화-	1.날씨가 맑고 따뜻하며 바람이 부드럽다. 2.성격, 태도 따위가 온순하고 부드럽다.
氣溫	기온	대기의 온도.
要因	요인	사물이나 사건이 성립되는 까닭. 또는 조건이 되는 요소.
必要	필요	꼭 소용이 있음.
勇氣	용기	겁이 없는 씩씩하고 굳센 기운.

한자어	독음	뜻
勇士	용사	용맹스러운 사람.
風雲	풍운	바람과 구름.
雲集	운집	구름처럼 모인다는 뜻으로, 많은 사람이 모여듦을 이르는 말.
書院	서원	조선시대에, 선비가 모여 학문의 뜻을 해설하며 토론하던 사학기관.
入院	입원	환자가 병을 고치기 위하여 일정한 기간 동안 병원에 들어가 머무는 것.
字源	자원	문자, 특히 한자의 구성 원리나 그 근원.
根源	근원	사물이나 현상 등이 비롯되는 본바탕.
花園	화원	1.꽃을 심은 동산. 2.꽃을 파는 가게.
果樹園	과수원	과실나무를 많이 심어 가꾸는 밭.
理由	이유	1.어떠한 결론이나 결과에 이른 까닭이나 근거. 2.구실이나 변명.
由來	유래	사물이나 일이 생겨남. 또는 그 사물이나 일이 생겨난 바.
油田	유전	석유가 나는 곳을 밭에 비유하여 이르는 말.
原油	원유	땅속이나 바닷속에 묻혀 있는 천연 그대로의 석유.
飮食	음식	사람이 먹을 수 있도록 만든, 밥이나 국 등의 물건.
米飮	미음	쌀이나 좁쌀을 물을 많이 넣고 풀어지도록 오래 끓여 만든 음식.
醫術	의술	병을 고치는 기술.
名醫	명의	병을 잘 고쳐 이름난 의사.
以上	이상	수량이나 정도가 일정한 기준보다 더 많거나 나음. ↔ 이하(以下).
以外	이외	일정한 범위나 한도의 밖 ↔ 以內(이내).
因果	인과	원인과 결과.
原因	원인	어떤 사물이나 상태를 변화시키거나 일으키게 하는 근본이 된 일이나 사건.
任命	임명	일정한 지위나 임무를 남에게 맡김.
任用	임용	직무를 맡기어 사람을 씀.
記者	기자	신문, 잡지, 방송 따위에 실을 기사를 취재하여 쓰거나 편집하는 사람.
學者	학자	학문을 연구하는 사람.
昨年	작년	지난해.
昨今	작금	어제와 오늘. 요즈음.
文章	문장	생각을 말로 표현할 때 하나의 정리된 뜻을 나타내는 단위.
圖章	도장	나무, 뼈, 뿔, 수정, 돌, 고무 같은 것에 개인이나 단체의 이름을 새겨 문서에 찍도록 만든 물건.
再會	재회	다시 만남.
再現	재현	다시 나타남. 또는 다시 나타냄.
在任	재임	일정한 직무나 임무를 수행하고 있거나 임지에 있음. 또는 그런 동안.
內在	내재	어떤 것의 내부에 들어 있음.
材木	재목	목조의 건축물·기구 따위를 만드는 데 쓰는 나무.
人材	인재	학식이나 능력이 뛰어난 사람.
赤字	적자	1.붉은 잉크를 사용하여 교정을 본 글자나 기호. 2.지출이 수입보다 많아서 생기는 손해.
赤色	적색	짙은 붉은색.
的中	적중	목표에 어김없이 들어맞음.
目的	목적	실현하려고 하는 일이나 나아가는 방향.
古典	고전	오랫동안 많은 사람에게 널리 읽히고 모범이 될 만한 문학이나 예술 작품.
字典	자전	한자를 모아서 일정한 순서로 늘어놓고 글자 하나하나의 뜻과 음을 풀이한 책.
作戰	작전	어떤 일을 이루기 위하여 필요한 조치나 방법을 강구함.
戰術	전술	일정한 목적을 달성하기 위한 수단이나 방법.
展示會	전시회	특정한 물건을 벌여 차려 놓고 일반에게 참고가 되게 하는 모임.

한자어	독음	뜻
發展	발전	더 낫고 좋은 상태나 더 높은 단계로 나아감.
安定	안정	안정하게 자리 잡음. 변하지 않고 일정한 상태를 유지함.
一定	일정	하나로 정하여져 있음.
庭園	정원	집 안에 있는 뜰이나 꽃밭.
法庭	법정	사람들 사이의 소송 사건이나 범죄의 의심이 있는 사람을 공식적으로 재판하는 장소.
落第	낙제	1.진학 또는 진급을 못함. 2.시험이나 검사 등에 떨어짐. 3.일정한 기준에 미치지 못함.
第一	제일	여럿 가운데서 첫째가는 것.
題目	제목	글·강연·공연·작품 등에서 내용을 보이기 위해 붙인 이름.
問題	문제	해답을 요구하는 물음.
家族	가족	주로 부부를 중심으로 한, 친족 관계에 있는 사람들의 집단. 또는 그 구성원.
部族	부족	원시 사회에서 한 지역에서 생활하면서 같은 언어와 문화를 가진 공동체.
卒業	졸업	학생이 규정에 따라 소정의 교과 과정을 마침.
卒兵	졸병	지위가 낮은 병사.
注入	주입	1.액체를 부어 넣음. 2.기억과 암송을 주로 해서 지식을 넣어줌.
注意	주의	마음에 새겨 두어 조심함.
止血	지혈	흐르는 피가 멈춤.
中止	중지	하던 일을 중도에서 그만 둠.
感知	감지	느끼어 앎.
知能	지능	사물이나 현상을 이해하고 환경에 반응하는 능력.
便紙	편지	누구에게 하고 싶은 말을 적어서 보내는 글.
紙面	지면	1.종이의 표면. 2.글이나 그림이 실리는 인쇄물의 면.

한자어	독음	뜻
集大成	집대성	여러 가지를 모아 하나의 체계로 완성함.
集中	집중	1.한곳을 중심으로 하여 모임. 2.한 가지 일에 모든 힘을 쏟아 부음.
參加	참가	모임이나 단체 또는 일에 관계하여 들어감.
參見	참견	자기와 별로 관계없는 일이나 말 따위에 끼어들어 쓸데없이 아는 체하거나 이래라저래라 함.
窓門	창문	공기나 햇빛을 받을 수 있고, 밖을 내다볼 수 있도록 벽이나 지붕에 낸 문.
同窓	동창	같은 학교에서 공부를 한 사이.
責任	책임	맡아서 해야 할 임무나 의무.
自責	자책	자신의 결함이나 잘못에 대하여 스스로 깊이 뉘우치고 자신을 책망함.
淸明하다	청명	날씨가 맑고 밝다.
淸算	청산	과거의 부정적 요소를 깨끗이 씻어 버림.
體育	체육	일정한 운동 따위를 통하여 신체를 튼튼하게 단련시키는 일.
身體	신체	사람의 몸.
初步	초보	1.첫 걸음. 2.학문이나 기술 따위를 익힐 때의 그 처음 단계나 수준.
始初	시초	맨 처음.
充實	충실	내용이 알차고 단단함.
充足	충족	넉넉해서 모자람이 없음.
特別	특별	보통과 아주 다름.
特定	특정	특별히 정하여져 있음.
表示	표시	겉으로 나타내어 보임.
發表	발표	어떤 사실이나 결과, 작품 따위를 세상에 널리 드러내어 알림.
名品	명품	뛰어나거나 이름난 물건. 또는 작품.

사자성어(四字成語) 알기

사자성어	독음	뜻
可東可西	가동가서	'동쪽이라도 좋고 서쪽이라도 좋다'는 뜻으로, 이렇게 할 만도 하고 저렇게 할 만도 함.
見金如石	견금여석	'황금 보기를 돌같이 한다'는 뜻에서, 대의를 위해서 부귀영화를 돌보지 않는다는 의미로 쓰임.
決死反對	결사반대	죽기를 각오하고 있는 힘을 다하여 반대함.
敬天愛人	경천애인	하늘을 공경하고 사람을 사랑하라'라는 뜻으로써, 단군신화에 그 기원을 둔 사상. 자연의 순리에 충실하면서도 인간 존중의 이념을 담고 있음.
公明正大	공명정대	마음이 공평하고 사심이 없으며 바르고 큼. 光明正大(광명정대).
交友以信	교우이신	세속 오계의 하나. 벗을 사귀는 데 믿음을 바탕으로 함.
敎學相長	교학상장	가르치는 일과 배우는 일이 서로 자신의 공부를 성장시킨다는 말.
今始初聞	금시초문	이제야 비로소 처음으로 들음.
落花流水	낙화유수	'떨어지는 꽃과 흐르는 물'이라는 뜻으로, 가는 봄의 경치나 세력이 보잘것없이 쇠하는 것을 비유적으로 이르는 말.
能小能大	능소능대	모든 일에 두루 능함.
多才多能	다재다능	재주와 능력이 여러 가지로 많음.
代代孫孫	대대손손	오래도록 내려오는 여러 대. 子孫萬代(자손만대). 子子孫孫(자자손손).
同苦同樂	동고동락	괴로움도 즐거움도 함께함.
良藥苦口	양약고구	'좋은 약은 입에 쓰나 병에는 잘 듣는다'는 뜻으로, 좋은 충고는 비록 귀에 거슬리나 자신에게 이롭다는 말.
萬無一失	만무일실	실패하거나 실수할 염려가 조금도 없음.
萬事如意	만사여의	모든 일이 뜻과 같음.
無不通知	무불통지	무슨 일이든지 환히 통하여 모르는 것이 없음.
聞一知十	문일지십	'하나를 듣고 열 가지를 미루어 안다'는 뜻으로, 지극히 총명함을 이르는 말.
百年河淸	백년하청	'중국의 황하가 늘 흐려 맑을 때가 없다'는 뜻으로, 아무리 오랜 시일이 지나도 어떤 일이 이루어지기 어려움을 이르는 말.
百讀百習	백독백습	백 번 읽고 백 번 쓰는 것.
百發百中	백발백중	'백 번 쏘아 백 번 맞힌다'는 뜻으로, 총이나 활 따위를 쏠 때마다 겨눈 곳에 다 맞음을 이르는 말.

사자성어	독음	뜻
白衣民族	백의민족	흰옷을 즐겨 입고 흰색을 숭상하는 오랜 전통에서 유래하여, '한민족'을 이르는 말.
百戰百勝	백전백승	싸울 때마다 모조리 다 이김.
不要不急	불요불급	필요하지도 않고 급하지도 않음.
北窓三友	북창삼우	'거문고, 술, 시'를 아울러 이르는 말. 백거이의 '북창삼우' 시에서 유래한 말.
不問可知	불문가지	묻지 아니하여도 알 수 있음.
不問曲直	불문곡직	옳고 그름을 따지지 아니함.
氷山一角	빙산일각	대부분이 숨겨져 있고 외부로 나타나 있는 것은 극히 일부분에 지나지 아니함을 비유적으로 이르는 말.
事實無根	사실무근	근거가 없음.
事親以孝	사친이효	세속 오계의 하나. 어버이를 섬기기를 효도로써 함을 이름.
山高水淸	산고수청	'산은 높고 물은 맑다'는 뜻으로, 경치가 좋음을 이르는 말.
山戰水戰	산전수전	'산에서도 싸우고 물에서도 싸웠다'는 뜻으로, 세상의 온갖 고생과 어려움을 다 겪었음을 이르는 말.
上命下服	상명하복	'위에서 명령하면 아래에서는 복종한다'는 뜻으로, 상하 관계가 분명함을 이르는 말.
生老病死	생로병사	사람이 나고 늙고 병들고 죽는 네 가지 고통.
生面不知	생면부지	서로 한 번도 만난 적이 없어서 전혀 알지 못하는 사람.
生不如死	생불여사	'살아 있음이 차라리 죽는 것만 못하다'는 뜻으로, 몹시 어려운 형편에 있음을 이르는 말.
十年知己	십년지기	오래전부터 친히 사귀어 잘 아는 사람.
安分知足	안분지족	편안한 마음으로 제 분수를 지키며 만족할 줄을 앎.
億萬長者	억만장자	헤아리기 어려울 만큼 많은 재산을 가진 사람.
言行相反	언행상반	하는 말과 하는 짓이 서로 어긋나거나 반대됨.
如出一口	여출일구	여러 사람의 말이 한 입에서 나오는 것처럼 한결같음을 이르는 말.
年末年始	연말연시	한 해의 마지막 때와 새해의 첫머리를 아울러 이르는 말.
月下氷人	월하빙인	'월하노인과 빙상인'이라는 뜻으로, 중매를 하는 사람을 이르는 말.

사자성어	독음	뜻
有名無實	유명무실	사실 그대로 고함.
以實直告	이실직고	이름만 그럴듯하고 실속은 없음.
人命在天	인명재천	'사람의 목숨은 하늘에 달려 있다'는 뜻으로, 목숨의 길고 짧음은 사람의 힘으로 어쩔 수 없음을 이르는 말.
立春大吉	입춘대길	입춘을 맞이하여 길운을 기원하며 벽이나 문짝 등에 써 붙이는 글귀.
自過不知	자과부지	자기의 잘못을 자기가 알지 못함.
自勝者強	자승자강	'자신을 이기는 것을 강(強)이라 한다'는 뜻으로, 자신의 욕심이나 감정을 이기는 사람이 강한 사람임을 이르는 말.
自由自在	자유자재	거침없이 자기 마음대로 할 수 있음.
全知全能	전지전능	어떠한 사물이라도 잘 알고, 모든 일을 다 행할 수 있음.
正正堂堂	정정당당	태도나 수단이 정당하고 떳떳함.
主客一體	주객일체	나(主)와 대상(客)이 하나가 됨.
知行合一	지행합일	지식과 행동이 서로 맞음.
集小成大	집소성대	작은 것을 모아 큰 것을 이룸.
千萬多幸	천만다행	아주 다행함.
千秋萬代	천추만대	'긴 세월과 끊임없이 이어지는 대'라는 뜻으로, 후손 만대에 이르기까지의 긴 시간을 비유함.
天下一品	천하일품	세상에 오직 하나밖에 없거나 매우 뛰어나서 세상에서 견줄 만한 것이 없음. 또는 그런 물품.
天下第一	천하제일	세상에 견줄 만한 것이 없이 최고임.
靑山流水	청산유수	'푸른 산에 흐르는 맑은 물'이라는 뜻으로, 막힘없이 썩 잘하는 말을 비유적으로 이르는 말.
淸風明月	청풍명월	맑은 바람과 밝은 달. 풍월(風月).
草綠同色	초록동색	'풀빛과 녹색은 같은 빛깔'이란 뜻으로, 같은 처지의 사람과 어울리거나 마음이 기우는 것.
八方美人	팔방미인	여러 방면에 능통한 사람을 비유적으로 이르는 말.
黃金萬能	황금만능	돈만 있으면 무엇이든지 마음대로 할 수 있음을 이르는 말.

뜻이 반대되는 한자(反意字 반의자) 알기

1. 輕轻 ↔ 重 / 가벼울 경 — 무거울 중
2. 苦 ↔ 樂乐 / 괴로울 고 — 즐길 락
3. 曲 ↔ 直直 / 굽을 곡 — 곧을 직
4. 功 ↔ 過过 / 공로 공 — 허물 과
5. 教教 ↔ 學学 / 가르칠 교 — 배울 학
6. 吉 ↔ 凶 / 길할 길 — 흉할 흉
7. 勞劳 ↔ 使 / 일할 로 — 부릴 사
8. 當当 ↔ 落 / 마땅할 당 — 떨어질 락
9. 動动 ↔ 止 / 움직일 동 — 그칠 지
10. 登 ↔ 落 / 오를 등 — 떨어질 락
11. 賣卖 ↔ 買买 / 팔 매 — 살 매
12. 反 ↔ 正 / 돌이킬 반 — 바를 정
13. 山 ↔ 河 / 산 산 — 물 하
14. 始 ↔ 末 / 처음 시 — 끝 말
15. 心 ↔ 體体 / 마음 심 — 몸 체
16. 因 ↔ 果 / 인할 인 — 열매 과
17. 昨 ↔ 今 / 어제 작 — 이제 금
18. 祖祖 ↔ 孫孙 / 조상 조 — 손자 손

⑲ 朝 ↔ 夕 아침 조 / 저녁 석	⑳ 主 ↔ 客 주인 주 / 손 객
㉑ 知 ↔ 行 알 지 / 행할 행	㉒ 和 ↔ 戰战 화목할 화 / 싸움 전
㉓ 訓训 ↔ 習习 가르칠 훈 / 익힐 습	㉔ 黑 ↔ 白 검을 흑 / 흰 백
㉕ 強强 ↔ 弱弱 강할 강 / 약할 약	㉖ 去 ↔ 來来 갈 거 / 올 래
㉗ 高 ↔ 下 높을 고 / 아래 하	㉘ 死 ↔ 活 죽을 사 / 살 활
㉙ 生 ↔ 死 살 생 / 죽을 사	㉚ 言 ↔ 行 말씀 언 / 행할 행
㉛ 遠远 ↔ 近近 멀 원 / 가까울 근	㉜ 有 ↔ 無无 있을 유 / 없을 무
㉝ 長长 ↔ 短 긴 장 / 짧을 단	㉞ 晝昼 ↔ 夜 낮 주 / 밤 야
㉟ 春 ↔ 秋 봄 춘 / 가을 추	㊱ 夏 ↔ 冬 여름 하 / 겨울 동

뜻이 비슷한 한자(類意字 유의자) 알기

1. 歌 노래 가 = 曲 노래 곡
2. 家 집 가 = 室 집 실
3. 計计 셀 계 = 算 셈할 산
4. 高 높을 고 = 貴贵 귀할 귀
5. 過过 지날 과 = 去 갈 거
6. 果 열매 과 = 實实 열매 실
7. 過过 허물 과 = 失 잃을 실
8. 敎教 가르칠 교 = 訓训 가르칠 훈
9. 郡 고을 군 = 邑 고을 읍
10. 貴贵 귀할 귀 = 重 귀중할 중
11. 根 뿌리 근 = 本 근본 본
12. 道 길 도 = 路 길 로
13. 圖图 그림 도 = 畫画 그림 화
14. 文 글월 문 = 章 글 장
15. 物 물건 물 = 品 물건 품
16. 發发 필 발 = 展 펼 전
17. 法 법 법 = 度 법도 도
18. 法 법 법 = 式 법 식
19. 法 법 법 = 典 법 전
20. 兵 병사 병 = 卒 병사 졸

㉑ 奉 받들 봉 = 仕 섬길 사   ㉒ 思 생각 사 = 考 생각할 고

㉓ 死 죽을 사 = 亡 망할 망   ㉔ 事 일 사 = 業业 일 업

㉕ 消消 사라질 소 = 失 잃을 실   ㉖ 失 잃을 실 = 亡 잃을 망

㉗ 樹树 나무 수 = 木 나무 목   ㉘ 始 처음 시 = 初 처음 초

㉙ 身 몸 신 = 體体 몸 체   ㉚ 兒儿 아이 아 = 童 아이 동

㉛ 例 본보기 례 = 式 법 식   ㉜ 運运 옮길 운 = 動动 움직일 동

㉝ 衣 옷 의 = 服 옷 복   ㉞ 庭 뜰 정 = 園园 동산 원

㉟ 重 중요할 중 = 要 중요할 요   ㊱ 集 모을 집 = 合 모을 합

㊲ 責责 맡을 책 = 任 맡길 임   ㊳ 靑青 푸를 청 = 綠绿 푸를 록

㊴ 河 물 하 = 川 내 천   ㊵ 學学 배울 학 = 習习 익힐 습

㊶ 海 바다 해 = 洋 바다 양   ㊷ 幸 다행 행 = 福福 복 복

간체자(简体字) 알기

간체	번체	훈음		간체	번체	훈음
角 jiǎo	=	角 뿔 각		买 mǎi	=	買 살 매
决 jué	=	決 결정할 결		卖 mài	=	賣 팔 매
结 jié	=	結 맺을 결		发 fā	=	發 필 발
轻 qīng	=	輕 가벼울 경		冰 bīng	=	氷 얼음 빙
过 guò	=	過 지날, 허물 과		孙 sūn	=	孫 손자 손
贵 guì	=	貴 귀할 귀		数 shǔ,shù	=	數 셈 수
级 jí	=	級 등급 급		树 shù	=	樹 나무 수
动 dòng	=	動 움직일 동		顺 shùn	=	順 순할 순
历 lì	=	曆 지낼 력		术 shù	=	術 재주 술
劳 láo	=	勞 일할 로		习 xí	=	習 익힐 습
绿 lǜ	=	綠 푸를 록		胜 shèng	=	勝 이길 승
妈 mā	=	媽 엄마 마		实 shí	=	實 열매 실

简体	繁體	简体	繁體
儿 = 兒 ér 아이 아	者 = 者 zhě 사람 자		
爱 = 愛 ài 사랑 애	战 = 戰 zhàn 싸움 전		
药 = 藥 yào 약 약	题 = 題 tí 제목 제		
阳 = 陽 yáng 볕 양	纸 = 紙 zhǐ 종이 지		
渔 = 漁 yú 고기 잡을 어	参 = 參 càn 참여할 참		
亿 = 億 yì 억 억	窗 = 窓 chuāng 창문 창		
业 = 業 yè 일 업	责 = 責 zé 꾸짖을 책		
温 = 溫 wēn 따뜻할 온	体 = 體 tǐ 몸 체		
云 = 雲 yún 구름 운	现 = 現 xiàn 나타날 현		
园 = 園 yuán 동산 원	号 = 號 háo 부르짖을 호		
饮 = 飲 yǐn 마실 음	画 = 畫 huà 그림 화		
医 = 醫 yī 의원 의	训 = 訓 xùn 가르칠 훈		

HNK 5급
汉字能力考试

한자 실력을 단단하게!

한자 다지기

UNIT 1 ~ UNIT 10

사자성어 익히기

반의자 · 유의자 익히기

간체자 익히기

정답

UNIT 1 참뜻 익히기

> **보기**
> ① 加算 ② 客席 ③ 結末 ④ 可決 ⑤ 敬禮 ⑥ 格式 ⑦ 輕重
> ⑧ 角度 ⑨ 對決 ⑩ 世界 ⑪ 考古學 ⑫ 感動 ⑬ 告發 ⑭ 苦樂

다음 뜻에 해당하는 한자어를 〈보기〉에서 골라 한자로 쓰세요.

01 더하여 셈함.

02 의안을 합당하다고 인정하여 결정함.

03 각의 크기.

04 크게 느끼어 마음이 움직임.

05 극장 따위에서 손님이 앉는 자리.

06 격에 맞는 일정한 방식.

07 옳고 그름, 이김과 짐을 가리기 위해 서로 맞섬.

08 어떤 일이 마무리되는 끝.

09 공경을 나타내기 위하여 인사하는 일.

10 가벼움과 무거움.

11 지구 위의 모든 나라.

12 유물과 유적을 통하여 옛 인류의 생활, 문화 따위를 연구하는 학문.

13 세상에 잘 알려지지 않은 잘못이나 비리 따위를 드러내어 알림.

14 괴로움과 즐거움.

쓰임 익히기

밑줄 친 부분을 한자로 바르게 쓴 것을 <보기>에서 골라 쓰세요.

> 보기
> ① 主客　② 外界　③ 加工　④ 死角　⑤ 敬老　⑥ 品格　⑦ 可能
> ⑧ 共感　⑨ 結實　⑩ 公告　⑪ 曲直　⑫ 決勝　⑬ 苦生　⑭ 參考

01 농산물 <u>가공</u> 산업이 발달하다.

02 통화 <u>가능</u> 지역을 확대하다.

03 복지의 <u>사각</u>지대가 없도록 노력하다.

04 의견에 <u>공감</u>을 표시하다.

05 <u>주객</u>이 뒤바뀌다.

06 <u>품격</u>을 떨어뜨릴만한 행동은 하면 안 된다.

07 상대를 꺾고 <u>결승</u>에 진출하다.

08 가을은 <u>결실</u>의 계절이다.

09 <u>경로</u> 우대증을 내면 할인을 받는다.

10 <u>외계</u>에서 전해온 신호를 풀다.

11 해당 자료를 <u>참고</u>하다.

12 신입 사원 모집 <u>공고</u>를 내다.

13 <u>고생</u> 끝에 낙이 온다.

14 <u>곡직</u>을 가리기 위해 선생님을 찾아갔다.

독음 익히기

> 다음 한자어의 독음을 쓰세요.

예시 간체자까지 알면 中國語가 쉬워집니다. 중국어

01 농산물 加工.
02 원금에 이자를 加算하다.
03 만장일치로 可決하다.
04 통화 可能 지역.
05 角度를 재다.
06 복지의 死角지대.
07 感動의 물결.
08 의견에 共感을 표시하다.
09 客席을 가득 메운 관중.
10 主客이 뒤바뀌다.
11 체면과 格式을 내동댕이치다.
12 品格을 떨어뜨린 행동.
13 세기의 對決을 벌이다.
14 상대를 꺾고 決勝에 진출하다.
15 가을은 結實의 계절.
16 시민이 중심되어 結成한 단체.
17 피해 정도의 輕重을 따지다.
18 이곳은 輕工業이 발달한 도시이다.
19 국기에 대해 敬禮!
20 敬老 우대증.
21 世界 속의 한국.
22 자신의 限界를 극복하다.
23 세상의 苦樂을 다 겪다.
24 苦生 끝에 낙이 온다.
25 考古學적 보물이 많은 나라.
26 해당 자료를 參考하다.
27 경찰에 告發하다.
28 신입 사원 모집 公告.
29 불후의 名曲.
30 한옥 처마의 曲線美.

UNIT 2 참뜻 익히기

다음 뜻에 해당하는 한자어를 <보기>에서 골라 한자로 쓰세요.

보기
① 郡民 ② 能動 ③ 公開 ④ 過去 ⑤ 吉日 ⑥ 高貴 ⑦ 結果
⑧ 地球 ⑨ 等級 ⑩ 道德 ⑪ 運動 ⑫ 根本 ⑬ 速度 ⑭ 苦待

01 어떤 사실이나 사물, 내용 따위를 여러 사람에게 널리 터놓음.

02 열매를 맺음. 또는 그 열매.

03 이미 지나간 때.

04 태양에 세 번째로 가까운 행성으로서 인류가 살고 있는 땅덩어리.

05 그 군에 사는 사람.

06 훌륭하고 귀중함.

07 사물의 본질이나 본바탕.

08 높고 낮음이나 좋고 나쁨 따위의 차이를 여러 층으로 구분한 단계.

09 운이 좋거나 상서로운 날.

10 스스로 내켜서 움직이거나 작용함.

11 몹시 기다림.

12 인간이 지켜야 할 도리나 바람직한 행동 규범.

13 빠른 정도.

14 사람이 몸을 단련하거나 건강을 위하여 몸을 움직이는 일.

쓰임 익히기

> 밑줄 친 부분을 한자로 바르게 쓴 것을 <보기>에서 골라 쓰세요.

보기
① 過勞　② 級訓　③ 才能　④ 公共　⑤ 根性　⑥ 德分　⑦ 成果
⑧ 書堂　⑨ 溫度　⑩ 野球　⑪ 郡內　⑫ 吉凶　⑬ 動物　⑭ 貴族

01　우리 동네에 <u>공공</u> 도서관이 건립되었다.

02　그는 이번 업무에서 큰 <u>성과</u>를 거두었다.

03　아버지가 <u>과로</u>로 쓰러졌다.

04　그는 스무 살의 나이로 프로 <u>야구</u>에 입단했다.

05　<u>군내</u> 발명 대회에 참가하다.

06　예술은 과거 <u>귀족</u>들의 전유물이었다.

07　끝까지 해내겠다는 <u>근성</u>이 필요하다.

08　'성실'은 우리반 <u>급훈</u>이다.

09　예전에는 거북의 등딱지로 <u>길흉</u>을 점을 쳤다.

10　어학에 <u>재능</u>이 있는 사람

11　<u>서당</u> 개 삼 년에 풍월을 읊는다.

12　사또 <u>덕분</u>에 나팔 분다.

13　히터를 켜서 실내 <u>온도</u>를 높였다.

14　희귀한 야생 <u>동물</u>을 발견하다.

독음 익히기

다음 한자어의 독음을 쓰세요.

> 예시   간체자까지 알면 中國語가 쉬워집니다.   중국어

01 교육의 기회는 公平해야 한다.
02 公共 도서관.
03 시험 結果를 발표하다.
04 成果를 거두다.
05 운전자 過失.
06 필기시험 通過.
07 地球는 태양의 주위를 돈다.
08 프로 野球 선수.
09 郡民 체육 대회.
10 郡內 마라톤 대회에 읍 대표로 나가다.
11 고대사 연구에 貴重한 자료.
12 계란 品貴 현상이 일어나다.
13 根本 문제를 회피하다.
14 끝까지 해내겠다는 根性이 필요하다.
15 품질에 따라 等級을 매기다.
16 高級문화와 대중문화.
17 거북의 등딱지로 吉凶을 점치다.
18 吉日을 잡아 결혼식을 하다.
19 컴퓨터에 能通한 해커.
20 어학에 才能이 있는 사람.
21 堂堂히 자신의 의견을 내세우다.
22 書堂 개 삼 년에 풍월한다.
23 합격 통지를 苦待하다.
24 공항 待合室.
25 공중道德을 지키다.
26 사또 德分에 나팔 분다.
27 速度 위반.
28 실내 溫度를 높이다.
29 적당한 運動은 건강에 좋다.
30 희귀한 야생動物.

UNIT 3 참뜻 익히기

▶ 다음 뜻에 해당하는 한자어를 <보기>에서 골라 한자로 쓰세요.

보기
① 良心 ② 綠地 ③ 李花 ④ 童心 ⑤ 道路 ⑥ 不買 ⑦ 當落
⑧ 亡身 ⑨ 賣出 ⑩ 歷史 ⑪ 事例 ⑫ 流通 ⑬ 美德 ⑭ 勞使

01 어린이의 마음.

02 당선과 낙선을 아울러 이르는 말.

03 자신의 행위에 대하여 옳고 그름을 판단하고 바른 말과 행동을 하려는 마음씨.

04 나라나 민족이 과거에 겪은 변화나 발전을 적은 기록.

05 어떤 현상에 대한 예가 되는 실제의 사실.

06 노동자와 사용자.

07 사람, 차 따위가 잘 다닐 수 있도록 만들어 놓은 비교적 넓은 길.

08 천연적으로 풀이나 나무가 우거진 곳.

09 공기 따위가 막힘이 없이 흘러 통함.

10 자두나무에서 피는 꽃.

11 말이나 행동을 잘못하여 자기의 지위, 명예, 체면 따위를 손상함.

12 상품 등을 사지 아니함.

13 물건을 내어 팖.

14 칭찬을 받을 만큼 아름답고 훌륭한 태도나 행위.

쓰임 익히기

> 밑줄 친 부분을 한자로 바르게 쓴 것을 <보기>에서 골라 쓰세요.

보기
① 落後 ② 例外 ③ 死亡 ④ 勞苦 ⑤ 交流 ⑥ 合流 ⑦ 童詩
⑧ 來歷 ⑨ 綠色 ⑩ 買入 ⑪ 賣買 ⑫ 路線 ⑬ 美術 ⑭ 不良

01 선생님은 취미로 <u>동시</u>를 짓는다.

02 경제적·문화적으로 <u>낙후</u>한 지역을 원조하다.

03 <u>불량</u> 식품을 사 먹으면 안 된다.

04 할아버지는 남대문의 <u>내력</u>을 소개했다.

05 <u>예외</u> 없는 규칙은 없다.

06 군 장병들의 <u>노고</u>를 위로했다.

07 지하철 운행 <u>노선</u>을 그림으로 그렸다.

08 가재는 게 편, 풀빛과 <u>녹색</u>은 같은 빛깔.

09 문화 <u>교류</u>가 활발히 일어나다.

10 시인은 결국 병으로 객지에서 <u>사망</u>했다.

11 공장부지를 <u>매입</u>하기 위해 계약을 맺었다.

12 투기 과열 지구의 부동산 <u>매매</u>를 제한했다.

13 바로크 <u>미술</u> 양식의 대표 작품을 소개합니다.

14 두 강은 이 지점에서 <u>합류</u>한다.

독음 익히기

▶ 다음 한자어의 독음을 쓰세요.

> **예시** 간체자까지 알면 中國語가 쉬워집니다. 중국어

01 童心의 세계를 꿈꾸다.

02 童詩를 짓다.

03 當落을 가리기 힘든 선거.

04 경제적 · 문화적으로 落後한 지역.

05 良心에 따라 행동하다.

06 不良식품.

07 반만년의 우리나라 歷史.

08 남대문의 來歷.

09 성공 事例를 들어 설명하다.

10 例外 없는 규칙은 없다.

11 넓게 뚫린 큰 道路.

12 지하철 운행 路線.

13 건전한 勞使 관계.

14 勞苦를 위로하다.

15 전쟁에서 세운 큰 功勞.

16 綠地 조성이 잘된 도시.

17 가재는 게 편, 풀빛과 綠色은 같은 빛깔.

18 농산물 流通센터.

19 국가 간의 문화 交流를 증진시키다.

20 두 강은 이 지점에서 合流한다.

21 톡톡히 亡身을 당하다.

22 병으로 死亡하다.

23 제 3국으로 亡命하다.

24 공장부지 買入.

25 불량품 不買운동.

26 賣出이 늘다.

27 부동산 賣買.

28 인내가 최상의 美德이다.

29 전쟁을 美化하다.

30 美食家가 선택한 요리.

UNIT 4 참뜻 익히기

다음 뜻에 해당하는 한자어를 <보기>에서 골라 한자로 쓰세요.

보기
① 發見 ② 使臣 ③ 福利 ④ 計算 ⑤ 思考 ⑥ 反對 ⑦ 病院
⑧ 結氷 ⑨ 法度 ⑩ 奉安 ⑪ 史記 ⑫ 衣服 ⑬ 奉仕 ⑭ 兵卒

01 어떤 행동이나 견해, 제안 따위에 따르지 아니하고 맞서 거스름.

02 미처 찾아내지 못하였거나 아직 알려지지 아니한 사물이나 현상, 사실 따위를 찾아냄.

03 지켜야 할 예절이나 행동의 방식.

04 옛말로, 군대에서 계급이 낮은 보통 군인.

05 필요한 시설을 갖추고 아픈 사람을 진찰하고 치료하는 곳.

06 행복과 이익.

07 받들어 모심.

08 물이 얼어 얼음이 됨.

09 자기의 이익을 생각하지 않고 남을 위하여 일하는 것.

10 역사적 사실을 기록한 책.

11 임금이나 국가의 명령을 받고 외국에 사절로 가는 신하.

12 무엇에 대하여 깊이 생각하는 것.

13 수를 셈하는 것.

14 옷.

쓰임 익히기

> 밑줄 친 부분을 한자로 바르게 쓴 것을 <보기>에서 골라 쓰세요.

보기
① 發病 ② 書法 ③ 出仕 ④ 服用 ⑤ 反感 ⑥ 史學家 ⑦ 發明王
⑧ 多福 ⑨ 意思 ⑩ 信奉 ⑪ 法庭 ⑫ 使命 ⑬ 海兵 ⑭ 氷水

01 격렬한 응원으로 상대팀의 <u>반감</u>을 샀다.

02 <u>발명왕</u> 에디슨은 99번 실패해도 100번째 다시 도전했다.

03 이 사건은 <u>법정</u>에서 시비를 다투게 되었다.

04 한번 해병은 영원한 <u>해병</u>이다.

05 전염병이 <u>발병</u>하여 전국을 휩쓸었다.

06 <u>복용</u> 방법을 자세히 설명하다.

07 그는 말년에 <u>다복</u>한 생활을 했다

08 이 시대는 현실주의를 <u>신봉</u>했던 시기이다.

09 팥과 과일을 듬뿍 넣은 <u>빙수</u>를 만들어 먹었다.

10 시인은 궁중에 <u>출사</u>하여 양귀비를 위해 시를 지었다.

11 고분 발견으로 <u>사학가</u>들이 크게 흥분했다.

12 역사적 <u>사명</u>을 띠고 출전했다.

13 그와는 <u>의사</u> 전달이 잘돼서 일하기 편하다.

14 여러 가지 <u>서법</u>을 익히다.

독음 익히기

> 다음 한자어의 독음을 쓰세요.

예시 간체자까지 알면 中國語가 쉬워집니다. 중국어

01 反對 의견.

02 상대팀의 反感을 사다.

03 신석기 시대 유적 發見.

04 發明왕 에디슨.

05 가문의 法度를 익히다.

06 중국어 학습의 효과적인 方法.

07 法庭에서 소란을 피우면 안 된다.

08 손자兵法.

09 삼촌은 海兵에 입대했다.

10 流行病이 크게 번지다.

11 전염병이 發病하다.

12 국민의 福利증진에 힘쓰다.

13 多福한 생활을 하다.

14 衣服을 갖추어 입다.

15 약물 服用.

16 불상을 奉安하다.

17 현실주의를 信奉하다.

18 도로 結氷을 방지하다.

19 팥과 과일을 듬뿍 넣은 氷水.

20 奉仕 활동을 하다.

21 궁중에 出仕하다.

22 창의적 思考.

23 意思 전달이 잘되다.

24 삼국史記.

25 靑史에 길이 이름을 남기다.

26 역사적 使命을 띠고.

27 고종 황제 特使.

28 計算이 빠르다.

29 원가 算出.

30 算數 문제를 풀다.

UNIT 5 참뜻 익히기

다음 뜻에 해당하는 한자어를 <보기>에서 골라 한자로 쓰세요.

보기
① 雪原 ② 勝利 ③ 樹木 ④ 相反 ⑤ 數學 ⑥ 順理 ⑦ 學習
⑧ 首席 ⑨ 過速 ⑩ 消失 ⑪ 宿題 ⑫ 手術 ⑬ 子孫 ⑭ 反省

01 서로 어긋나거나 반대 됨.

02 시험에서 가장 좋은 성적을 얻은 사람.

03 눈이 덮힌 벌판.

04 자신의 언행에 대하여 잘못이나 부족함이 없는지 돌이켜 봄.

05 사라져 없어짐.

06 지나치게 빠른 속도.

07 자식과 손자, 후손.

08 수에 관한 학문. 또는 수에 관하여 배우는 교과목.

09 살아 있는 여러 큰 나무.

10 학생들에게 복습이나 예습을 위하여 집에서 하도록 내 주는 과제.

11 순한 이치나 도리. 또는 도리나 이치에 순순히 따름.

12 의사가 병을 고치기 위하여 몸의 어떤 부분을 가르고 잘라내거나 붙이고 꿰매는 일.

13 지식이나 기술 등을 배워서 익힘.

14 전쟁·경기 등에서 겨루어 이기는 것.

쓰임 익히기

> 밑줄 친 부분을 한자로 바르게 쓴 것을 <보기>에서 골라 쓰세요.

보기
① 順位 ② 相對的 ③ 多數 ④ 習作 ⑤ 出席 ⑥ 自省 ⑦ 樹立
⑧ 名勝 ⑨ 白雪 ⑩ 消化 ⑪ 孫子 ⑫ 宿食 ⑬ 急速 ⑭ 洗車

01 그는 묘한 <u>상대적</u> 우월감을 느꼈다.

02 선생님이 <u>출석</u>을 불렀다.

03 그 아이는 피부가 <u>백설</u>같이 희다.

04 그것은 안전 불감증에 대한 <u>자성</u>을 불러온 사건이다.

05 우리 동네에 친환경 <u>세차</u>장이 새로 문을 열었다.

06 그는 악역을 완벽하게 <u>소화</u>해서 찬사를 받았다.

07 중국의 <u>급속</u>한 산업화로 인해 여러 가지 사회문제가 생겼다.

08 할머니는 <u>손자</u>가 재롱을 부리자 함박 웃음을 지었다.

09 이 법안은 절대 <u>다수</u>의 지지를 받았다.

10 산림 녹화를 위한 계획을 <u>수립</u>했다.

11 그는 고등학교 때부터 고모네 집에서 <u>숙식</u>하며 학교를 다녔다.

12 이번 경기는 3, 4위 <u>순위</u>를 정하는 게임이다.

13 그는 어릴 적부터 작가가 되기 위해 부단히 <u>습작</u>했다.

14 이번 여름방학 때 가족과 함께 남도의 <u>명승</u>고적을 여행하기로 했다.

독음 익히기

▶ 다음 한자어의 독음을 쓰세요.

예시 간체자까지 알면 中國語가 쉬워집니다. 중국어

01 相對的 특성.
02 서로의 입장이 相反되다.
03 首席 합격.
04 出席을 부르다.
05 히말라야의 雪原.
06 白雪같이 희다.
07 하루 일을 反省하다.
08 안전 불감증에 대한 自省.
09 카메라 洗禮를 받다.
10 친환경 洗車場.
11 消失된 문화재.
12 악역을 완벽하게 消化하다.
13 過速방지턱을 설치하다.
14 중국의 急速한 산업화.
15 後孫에게 이어지다.
16 孫子의 재롱을 즐기다.
17 공원에 樹木이 울창하다.
18 계획을 樹立하다.
19 절대 多數의 지지를 받다.
20 過半數에 못 미치다.
21 방학 宿題.
22 기숙사에 宿食하다.
23 자연의 順理를 따르다.
24 順位를 정하다.
25 환자를 手術하다.
26 術數에 능한 사람.
27 學習 태도.
28 이론과 實習.
29 최후의 勝利.
30 名勝고적을 찾아가다.

UNIT 6 참뜻 익히기

보기
① 失手 ② 事業 ③ 愛好 ④ 億萬 ⑤ 太陽 ⑥ 野外 ⑦ 始作
⑧ 實在 ⑨ 海洋 ⑩ 式順 ⑪ 藥草 ⑫ 兒童 ⑬ 漁夫 ⑭ 臣下

01 어떤 일이나 행동의 처음 단계를 이루거나 그렇게 하게 함.

02 의식을 진행하는 순서.

03 임금을 섬기어 벼슬하는 사람.

04 잘 알지 못하여, 또는 주의하지 않아서 저지른 잘못.

05 실제로 존재함.

06 어린아이.

07 취미로 어떤 사물이나 일을 매우 좋아하고 즐김.

08 마을에서 조금 떨어져 있는 들.

09 약으로 쓰는 풀.

10 넓고 큰 바다.

11 태양계의 중심으로, 지구·화성·목성 등 행성들이 그 주위를 돌고 스스로 빛을 내는 큰 별.

12 물고기를 잡는 일을 업으로 하는 사람.

13 억과 만. 셀 수 없을 만큼 많은 수효의 비유.

14 어떤 일을 일정한 목적과 계획을 가지고 짜임새 있게 지속적으로 경영함. 또는 그 일.

쓰임 익히기

> 밑줄 친 부분을 한자로 바르게 쓴 것을 <보기>에서 골라 쓰세요.

보기
① 失業　② 業體　③ 友愛　④ 公式　⑤ 陽地　⑥ 分野　⑦ 原始
⑧ 現實　⑨ 遠洋　⑩ 格式　⑪ 農藥　⑫ 小兒　⑬ 農漁村　⑭ 功臣

01　<u>원시</u> 밀림 지대를 탐험하는 것이 내 꿈이다.

02　너무 <u>격식</u>을 차리면 허례가 된다.

03　우승에 이바지한 일등 <u>공신</u>에게 큰 상을 내렸다.

04　경기 불황이 심해지면서 <u>실업</u>률이 크게 증가하다.

05　이상과 <u>현실</u>의 경계에서 그는 깊이 고민했다.

06　<u>소아</u> 예방 접종을 맞다.

07　친구 간에 <u>우애</u>가 두텁다

08　경제 <u>분야</u>의 전문가가 모여 대책을 논의했다.

09　이 품종은 <u>농약</u>을 치지 않아도 된다.

10　<u>원양</u>에서 잡은 참치를 바로 통조림으로 만들다.

11　식물은 <u>양지</u>식물과 음지식물로 나눌 수 있다.

12　<u>농어촌</u> 인구 감소가 심각한 사회 문제를 일으켰다.

13　자동차 <u>업체</u>들은 신제품을 일제히 내놓았다.

14　이 문제는 <u>공식</u>에 대입해서 풀면 쉽다.

독음 익히기

다음 한자어의 독음을 쓰세요.

> 예시: 간체자까지 알면 中國語가 쉬워집니다. 중국어

01 수업이 始作되다.
02 原始 밀림 지대.
03 式順에 따라 진행하다.
04 수학 公式에 대입하다.
05 임금과 臣下.
06 우승에 이바지한 일등 功臣.
07 實在의 인물.
08 이상과 現實.
09 말을 失手하다.
10 失業이 크게 증가하다.
11 초등학교 兒童.
12 씩씩한 대한의 男兒.
13 음악 愛好家.
14 친구 간에 友愛가 두텁다.
15 野外음악회.

16 경제 分野의 전문가.
17 藥草를 캐다.
18 藥物에 중독되다.
19 동해에 떠오르는 太陽.
20 陽地식물과 음지식물.
21 海洋 온도차 발전.
22 遠洋에서 잡은 참치.
23 그물을 손질하는 漁夫.
24 農漁村 인구 감소.
25 수億萬 년 전에 살았던 공룡.
26 전산화 作業.
27 事業 능력이 뛰어나다.
28 자동차 業界.
29 그의 말버릇이 如前하다.
30 생활이 만족스럽고 如意하다.

UNIT 7 참뜻 익히기

다음 뜻에 해당하는 한자어를 <보기>에서 골라 한자로 쓰세요.

보기
① 書院 ② 任命 ③ 飮食 ④ 字源 ⑤ 溫和 ⑥ 醫術 ⑦ 要因
⑧ 花園 ⑨ 因果 ⑩ 理由 ⑪ 勇氣 ⑫ 以上 ⑬ 風雲 ⑭ 油田

01 날씨가 맑고 따뜻하며 바람이 부드럽다.

02 사물이나 사건이 성립되는 까닭. 또는 조건이 되는 요소.

03 겁이 없는 씩씩하고 굳센 기운.

04 바람과 구름.

05 조선시대에, 선비가 모여 학문의 뜻을 해설하며 토론하는 사학기관.

06 문자, 특히 한자의 구성 원리나 그 근원.

07 꽃을 심은 동산. 꽃을 파는 가게.

08 어떠한 결론이나 결과에 이른 까닭이나 근거.

09 석유가 나는 곳을 밭에 비유하여 이르는 말.

10 사람이 먹을 수 있도록 만든, 밥이나 국 등의 물건.

11 병을 고치는 기술.

12 수량이나 정도가 일정한 기준보다 더 많거나 나음.

13 원인과 결과.

14 일정한 지위나 임무를 남에게 맡김.

쓰임 익히기

보기
① 醫院 ② 原因 ③ 氣溫 ④必要 ⑤入院 ⑥任用 ⑦根源
⑧ 由來 ⑨ 米飮 ⑩ 果然 ⑪ 雲集 ⑫以外 ⑬原油 ⑭勇士

01 그의 인품은 <u>과연</u> 듣던 대로였다.

02 연평균 <u>기온</u>이 매년 상승하고 있다.

03 <u>필요</u>는 발명의 어머니라고 한다.

04 베트남 참전 <u>용사</u>를 위한 축제가 열렸다.

05 서울광장에 <u>운집</u>한 시민들은 한 목소리로 세계평화를 부르짖었다.

06 할아버지는 병세가 위독하여 <u>입원</u> 치료를 받았다.

07 압록강의 <u>근원</u>은 백두산이다.

08 이번 지진은 역사상 <u>유래</u>가 없을 정도의 큰 지진이라고 한다.

09 우리는 <u>원유</u>를 수입하는 국가 중 하나이다.

10 아이가 감기에 걸려 <u>미음</u>을 쑤었다.

11 이곳은 우리 동네에서 딱 하나 있는 소아과 <u>의원</u>이다.

12 문에 '관계자 <u>이외</u> 출입금지' 팻말을 달았다.

13 실상 싸움의 <u>원인</u>은 말 한 마디에 있었다.

14 공무원 <u>임용</u> 고시를 보다.

독음 익히기

> 다음 한자어의 독음을 쓰세요.

예시 간체자까지 알면 中國語가 쉬워집니다. 중국어

01 출산율의 自然 감소.

02 果然 멋있어!

03 溫和한 날씨.

04 연평균 氣溫.

05 실패 要因을 알아내다.

06 必要는 발명의 어머니.

07 勇氣 있는 사람.

08 베트남 참전 勇士.

09 靑雲의 뜻을 세우다.

10 서울광장에 雲集한 시민들.

11 入院치료를 받다.

12 요리學院에 다니다.

13 한자의 字源.

14 압록강의 根源은 백두산.

15 놀이 公園에서 놀이기구를 타다.

16 果樹園을 가꾸다.

17 사사건건 理由를 달다.

18 역사상 由來가 없다.

19 原油를 수입하다.

20 해저 油田을 개발하다.

21 飮食을 남기거나 버리지 마라.

22 米飮을 쑤다.

23 醫術이 발달하다.

24 동양醫學.

25 상상 以上이다.

26 관계자 以外 출입금지.

27 싸움의 原因.

28 가난과 질병의 因果 관계.

29 국무총리 任命 동의안.

30 공무원 任用 고시를 보다.

UNIT 8 참뜻 익히기

> 다음 뜻에 해당하는 한자어를 <보기>에서 골라 한자로 쓰세요.

보기
① 文章 ② 的中 ③ 落第 ④ 記者 ⑤ 在任 ⑥ 題目 ⑦ 昨年
⑧ 展示會 ⑨ 安定 ⑩ 再會 ⑪ 材木 ⑫ 古典 ⑬ 作戰 ⑭ 庭園

01 신문, 잡지, 방송 따위에 실을 기사를 취재하여 쓰거나 편집하는 사람.

02 지난해.

03 생각을 말로 표현할 때 하나의 정리된 뜻을 나타내는 단위.

04 다시 만남.

05 일정한 직무나 임무를 수행하고 있거나 임지에 있음. 또는 그런 동안.

06 목조의 건축물 · 기구 따위를 만드는 데 쓰는 나무.

07 목표에 어김없이 들어맞음.

08 오랫동안 많은 사람에게 널리 읽히고 모범이 될 만한 문학이나 예술 작품.

09 어떤 일을 이루기 위하여 필요한 조치나 방법을 강구함.

10 특정한 물건을 벌여 차려 놓고 일반에게 참고가 되게 하는 모임.

11 변하지 않고 일정한 상태를 유지함.

12 집 안에 있는 뜰이나 꽃밭.

13 시험이나 검사 등에 떨어짐.

14 글 · 강연 · 공연 · 작품 등에서 내용을 보이기 위해 붙인 이름.

쓰임 익히기

> 밑줄 친 부분을 한자로 바르게 쓴 것을 <보기>에서 골라 쓰세요.

보기
① 一定 ② 內在 ③ 發展 ④ 字典 ⑤ 人材 ⑥ 第一 ⑦ 學者
⑧ 問題 ⑨ 圖章 ⑩ 法庭 ⑪ 目的 ⑫ 戰術 ⑬ 再現 ⑭ 家庭

01 의학 분야의 저명한 <u>학자</u>를 모시고 대담을 나누겠습니다.

02 계약서에 <u>도장</u>을 찍다.

03 고려청자의 비취색을 <u>재현</u>하다.

04 그는 아름다움이 <u>내재</u>된 작품을 그렸다.

05 국자감은 고려시대 <u>인재</u>를 양성하기 위해 설치한 교육기관이다.

06 먼저 뚜렷한 <u>목적</u>을 갖고 일을 해야 한다.

07 한자를 모르면 <u>자전</u>을 찾으면 쉽다.

08 그는 <u>전술</u>에 능한 장수로 이름을 떨쳤다.

09 국내 경제가 나날이 <u>발전</u>하다.

10 <u>일정</u>한 수입이 생기다.

11 <u>법정</u>에서 소란을 피우면 안 된다.

12 세상에서 <u>제일</u> 높은 산은 뭘까?

13 어린아이가 어른도 풀지 못한 수학 <u>문제</u>를 풀었다.

14 화목한 <u>가정</u>을 이루다.

독음 익히기

> **예시** 간체자까지 알면 中國語가 쉬워집니다. 중국어

01 TV 記者 회견을 열다.
02 의학 분야의 저명한 學者.
03 昨年 이맘때.
04 昨今에 세태.
05 文章 부호.
06 圖章을 찍다.
07 이산가족의 再會.
08 고려청자의 비취색을 再現하다.
09 대통령 在任 시절.
10 在來시장.
11 材木으로 기르다.
12 人材를 양성하다.
13 화살이 과녁에 的中하다.
14 뚜렷한 目的을 세우다.
15 赤字가 나다.
16 건강의 赤色 신호.
17 古典문학과 현대문학.
18 字典을 찾아보다.
19 공동 판매 作戰을 짜다.
20 戰術에 능하다.
21 자동차 展示會.
22 사업이 나날이 發展하다.
23 庭園을 가꾸다.
24 화목한 家庭.
25 물가를 安定시키다.
26 一定한 수입.
27 글의 題目을 붙이다.
28 問題를 풀다.
29 입학시험에 落第하다.
30 세상에서 第一 높은 산.

UNIT 9 참뜻 익히기

다음 뜻에 해당하는 한자어를 <보기>에서 골라 한자로 쓰세요.

> **보기**
> ① 體育 ② 家族 ③ 窓門 ④ 初步 ⑤ 卒業 ⑥ 止血 ⑦ 責任
> ⑧ 充實 ⑨ 注入 ⑩ 便紙 ⑪ 參加 ⑫ 淸明 ⑬ 集大成 ⑭ 感知

01 주로 부부를 중심으로 한, 친족 관계에 있는 사람들의 집단.

02 학생이 규정에 따라 소정의 교과 과정을 마침.

03 액체를 부어 넣음.

04 흐르는 피가 멈춤.

05 느끼어 앎.

06 누구에게 하고 싶은 말을 적어서 보내는 글.

07 여러 가지를 모아 하나의 체계로 완성함.

08 모임이나 단체 또는 일에 관계하여 들어감.

09 공기나 햇빛을 받을 수 있고, 밖을 내다볼 수 있도록 벽이나 지붕에 낸 문.

10 맡아서 해야 할 임무나 의무.

11 날씨가 맑고 밝다.

12 일정한 운동 따위를 통하여 신체를 튼튼하게 단련시키는 일.

13 첫 걸음. 학문이나 기술 따위를 익힐 때의 그 처음 단계나 수준.

14 내용이 알차고 단단함.

쓰임 익히기

> 밑줄 친 부분을 한자로 바르게 쓴 것을 <보기>에서 골라 쓰세요.

보기
① 同窓 ② 部族 ③ 中止 ④ 集中 ⑤ 充足 ⑥ 身體 ⑦ 卒兵
⑧ 參見 ⑨ 注意 ⑩ 知能 ⑪ 淸算 ⑫ 始初 ⑬ 紙面 ⑭ 自責

01 이곳은 <u>부족</u> 공동체의 전형적인 특징을 갖고 있다.

02 장군은 어린 <u>졸병</u>까지도 잘 챙겨주었다.

03 상자 겉면에 '취급 <u>주의</u>'라고 쓰여 있다.

04 그들은 핵 실험 <u>중지</u>를 요구했다.

05 <u>지능</u>이 높은 사람이라고 꼭 지혜로운 것은 아니다.

06 정치권의 부패를 폭로하는 기사를 <u>지면</u>에 실었다.

07 인구가 대도시로 <u>집중</u>되는 현상이 심해졌다.

08 남의 일에 <u>참견</u>하지 말고 가던 길을 가시오.

09 우리는 같은 고등학교를 나온 <u>동창</u>이다.

10 자신의 비겁함을 <u>자책</u>하다.

11 드디어 오랜 빚을 <u>청산</u>하였다.

12 건전한 <u>신체</u>에 건전한 정신이 깃든다.

13 이곳은 황허 문명의 <u>시초</u>로 알려진 곳이다.

14 어떻게 해도 아이의 호기심을 <u>충족</u>시킬 수 없었다.

독음 익히기

다음 한자어의 독음을 쓰세요.

예시 간체자까지 알면 中國語가 쉬워집니다. 중국어

01 헤어진 家族을 만나다.

02 部族 공동체.

03 卒業은 새로운 시작.

04 兵卒과 장수.

05 光州 민주화 운동.

06 全州 한옥마을.

07 注入식 교육.

08 취급 注意.

09 붕대로 묶어 止血하다.

10 핵 실험 中止.

11 본능적으로 위험을 感知하다.

12 知能이 높은 사람.

13 表紙 모델로 뽑히다.

14 기사를 紙面에 싣다.

15 인구의 대도시 集中.

16 한 권의 책으로 集大成한 실학사상.

17 올림픽 경기에 參加하다.

18 남의 일에 參見하다.

19 은행 窓口.

20 우리는 同窓이다.

21 사고에 대한 責任을 지다.

22 자신의 비겁함을 自責하다.

23 淸明한 날씨.

24 빚을 淸算하다.

25 體感 온도.

26 건전한 身體에 건전한 정신이 깃든다.

27 初步 운전자.

28 전쟁의 始初.

29 책의 내용이 充實하다.

30 그만하면 充分하다.

UNIT 10 참뜻 익히기

> 다음 뜻에 해당하는 한자어를 <보기>에서 골라 한자로 쓰세요.

보기
① 表示 ② 山河 ③ 畫室 ④ 多幸 ⑤ 化石 ⑥ 生必品 ⑦ 特別
⑧ 必勝 ⑨ 番號 ⑩ 敎訓 ⑪ 凶年 ⑫ 表現 ⑬ 黑白 ⑭ 名品

01 보통과 아주 다름.

02 겉으로 나타내어 보임.

03 뛰어나거나 이름난 물건. 또는 작품.

04 반드시 이김.

05 산과 큰 내. 하천.

06 뜻밖에 일이 잘되어 운이 좋음.

07 의사나 감정 등을 드러내어 나타냄.

08 차례를 나타내거나 식별하기 위해 붙이는 숫자.

09 아주 옛날의 생물의 뼈나 몸의 흔적이 돌이 되어 남아 있는 것.

10 화가나 조각가가 그림을 그리거나 조각하는 따위의 일을 하는 방.

11 앞으로의 행동이나 생활에 지침이 될 만한 것을 가르침.

12 농사가 잘 되지 않은 해.

13 검은색과 흰색. 옳고 그름.

14 일상생활에 반드시 있어야 할 물품.

쓰임 익히기

▶ 밑줄 친 부분을 한자로 바르게 쓴 것을 <보기>에서 골라 쓰세요.

보기
① 醫藥品 ② 信號 ③ 河川 ④ 家訓 ⑤ 性品 ⑥ 强化 ⑦ 特定
⑧ 凶物 ⑨ 生必品 ⑩ 現在 ⑪ 發表 ⑫ 畫家 ⑬ 幸福 ⑭ 文化

01 이 법은 <u>특정</u> 계층에만 적용된다.

02 합격자 명단이 <u>발표</u>되다.

03 재난 지역에 <u>의약품</u>을 보내다.

04 <u>생필품</u> 가격이 크게 올랐다.

05 오염된 <u>하천</u>을 정화하기 위한 여러 방법이 동원되었다.

06 그는 최대 다수의 최대 <u>행복</u>을 주장했다.

07 과거·<u>현재</u>·미래는 모두 연결되어 있다.

08 교통 <u>신호</u>를 위반하여 적발되었다.

09 국제 경쟁력을 <u>강화</u>하기 위한 여러 시책이 발표되었다.

10 그 <u>화가</u>가 그린 그림이 비싼 가격에 팔렸다.

11 우리 집 <u>가훈</u>은 '성실'이다.

12 에펠탑도 처음에는 거대한 <u>흉물</u> 덩어리라고 비난을 받았었다.

13 한국 <u>문화</u>의 전통을 잇다.

14 타고난 <u>성품</u>은 바꾸기 어렵다.

독음 익히기

> 다음 한자어의 독음을 쓰세요.

예시 간체자까지 알면 中國語가 쉬워집니다. 중국어

01 다양한 特別활동을 하다.
02 이 기사는 特定한 인물과 관계없음.
03 감사의 表示.
04 합격자 명단이 發表되다.
05 아프리카 난민을 위한 醫藥品 보급.
06 名品을 감상하다.
07 고귀한 人品.
08 必勝을 다짐하다.
09 生必品 가격이 오르다.
10 오염된 河川.
11 氷河시대.
12 최대 다수의 최대 幸福.
13 불행 중 多幸.
14 과거·現在·미래.
15 지나친 애정表現.
16 番號 순서대로 기다리다.
17 교통信號위반.
18 化石처럼 굳은 표정.
19 국제 경쟁력을 強化하다.
20 유명한 畵家가 그린 그림.
21 액정 畵面.
22 발음 記號를 달다.
23 한국 文化의 전통.
24 타고난 性品.
25 실패를 敎訓으로 삼다.
26 우리 집 家訓.
27 訓民正音 창제.
28 凶年이 들다.
29 거대한 콘크리트의 凶物덩어리.
30 黑白을 가리다.

사자성어 참뜻 익히기(1)

> 다음 뜻에 맞는 사자성어를 〈보기〉에서 찾아, 그 독음을 쓰세요

보기
① 多才多能　② 百讀百習　③ 決死反對　④ 敬天愛人　⑤ 代代孫孫
⑥ 交友以信　⑦ 同苦同樂　⑧ 今時初聞　⑨ 集小成大　⑩ 百發百中

01 오래도록 내려오는 자손.

02 하늘을 공경하고 사람을 아낌.

03 무슨 일이나 잘 들어맞음.

04 벗을 사귀는 데 믿음을 바탕으로 함.

05 재주와 능력이 여러 가지로 많음.

06 백 번 읽고 백 번 쓰는 것.

07 괴로움도 즐거움도 함께함.

08 작은 것을 모아서 큰 것을 이룸.

09 죽기를 각오하고 있는 힘을 다하여 반대함.

10 어떤 이야기를 전에 들어 본 적이 없음.

> 보기
> ⑪ 不要不急　⑫ 公明正大　⑬ 教學相長　⑭ 良藥苦口　⑮ 百戰百勝
> ⑯ 白衣民族　⑰ 落花流水　⑱ 百年河淸　⑲ 安分知足　⑳ 東家食西家宿

11 싸울 때마다 모조리 다 이김.

12 필요하지도 않고 급하지도 않음.

13 편안한 마음으로 제 분수를 지키며 만족할 줄을 앎

14 조금도 사사로움이 없이 아주 정당하고 떳떳하다.

15 아무리 오랜 시일이 지나도 어떤 일이 이루어지기 어려움.

16 흰 옷을 즐겨 입는 오랜 전통에서 유래하여, '한민족'을 일컫는 말.

17 가르치는 일과 배우는 일이 서로 자신의 공부를 성장시킴.

18 가는 봄의 경치나 세력이 보잘 것 없이 쇠하는 것을 비유함.

19 먹을 곳, 잘 곳이 없어 떠돌아다니며 이집 저집에서 얻어먹고 지내는 일 또는 그러한 사람.

20 좋은 약은 입에는 쓰나 병에는 잘 듣는다는 뜻으로, 좋은 충고는 귀에 거슬리나 자신에게 이롭다는 말.

사자성어 참뜻 익히기(2)

▶ 다음 뜻에 맞는 사자성어를 <보기>에서 찾아, 그 독음을 쓰세요

보기
① 不問可知 ② 不問曲直 ③ 十年知己 ④ 事實無根 ⑤ 事親以孝
⑥ 聞一知十 ⑦ 萬事如意 ⑧ 有名無實 ⑨ 以實直告 ⑩ 無不通知

01 아주 총명함.

02 사실 그대로 고함.

03 모든 일이 뜻과 같음.

04 묻지 않아도 알 수 있음.

05 옳고 그름을 따지지 아니함.

06 근거가 없음. 또는 터무니없음.

07 이름만 그럴 듯하고 실속은 없음.

08 오래 전부터 친히 사귀어 온 친구.

09 어버이를 섬기기를 효도로써 함을 이른다.

10 무슨 일이든지 다 통하여 모르는 것이 없음.

| 보기 | ⑪ 山戰水戰 ⑫ 氷山一角 ⑬ 億萬長者 ⑭ 言行相反 ⑮ 如出一口 |
| | ⑯ 年末年始 ⑰ 上命下服 ⑱ 生老病死 ⑲ 生面不知 ⑳ 生不如死 |

11 하는 말과 하는 짓이 서로 어긋나거나 반대됨.

12 사람이 나고 늙고 병들고 죽는 네 가지 고통.

13 헤아리기 어려울 만큼 많은 재산을 가진 사람.

14 여러 사람의 말이 한 입에서 나오는 것처럼 한결같음.

15 한 해의 마지막 때와 새해의 첫머리를 아울러 이르는 말.

16 세상살이를 하면서 온갖 어려움을 다 겪었음을 이르는 말.

17 서로 한 번도 만난 적이 없어서 전혀 알지 못하는 사람. 또는 그런 관계.

18 대부분이 숨겨져 있고 외부로 나타나 있는 것은 극히 일부분에 지나지 않음을 비유함.

19 위에서 명령하면 아래에서는 복종한다는 뜻으로, 상하 관계가 분명함을 이르는 말.

20 삶이 차라리 죽음만 같지 못하다는 뜻으로, 몹시 어려운 형편에 있음을 비유함.

한자 다지기 부록 147

사자성어 참뜻 익히기(3)

▶ 다음 뜻에 맞는 사자성어를 <보기>에서 찾아, 그 독음을 쓰세요

> **보기**
> ① 天下第一 ② 自過不知 ③ 八方美人 ④ 黃金萬能 ⑤ 自由自在
> ⑥ 萬無一失 ⑦ 正正堂堂 ⑧ 主客一體 ⑨ 知行合一 ⑩ 千萬多幸

01 매우 다행함.

02 지식과 행동이 서로 맞음.

03 자기의 잘못을 자기가 알지 못함.

04 세상에 견줄 만한 것이 없이 최고임.

05 거침없이 자기 마음대로 할 수 있음.

06 태도나 수단이 정당하고 떳떳하다.

07 나(주체)와 나 이외(객체)의 대상 하나가 됨.

08 어느 모로 보나 아름다운 사람. 여러 방면에 능통한 사람을 비유함.

09 돈만 있으면 무엇이든지 마음대로 할 수 있음을 이르는 말.

10 실패하거나 실수할 염려가 조금도 없음. 조금도 축남이 없음.

보기
⑪ 天下一品　⑫ 立春大吉　⑬ 青山流水　⑭ 清風明月　⑮ 草綠同色
⑯ 千秋萬代　⑰ 自勝者強　⑱ 人命在天　⑲ 全知全能　⑳ 百聞不如一見

11 어떠한 사물이라도 잘 알고, 모든 일을 다 행할 수 있음. 또는 그런 능력.

12 자신의 사사로운 감정이나 욕망을 이기는 사람이 강한 사람이라는 말.

13 세상에 오직 하나밖에 없거나 매우 뛰어나서 세상에서 견줄 만한 것이 없음. 또는 그런 물품.

14 푸른 산에 흐르는 맑은 물이라는 뜻으로, 막힘없이 썩 잘하는 말을 비유적으로 이르는 말.

15 맑은 바람과 밝은 달이라는 뜻으로, 결백하고 온건한 성격을 평하여 이르는 말.

16 풀색과 녹색은 같은 색이라는 뜻으로, 처지가 같은 사람들끼리 한패가 되는 경우를 비유함.

17 사람의 목숨은 하늘에 달려 있다는 뜻으로, 목숨의 길고 짧음은 사람의 힘으로 어쩔 수 없음을 이르는 말.

18 입춘을 맞이하여 집안에 복이 많이 생기기를 바라며 벽이나 문짝 등에 써 붙이는 글귀.

19 긴 세월과 끊임없이 이어지는 대라는 뜻으로, 후손 만대에 이르기까지의 긴 시간을 이르는 말.

20 백 번 듣는 것이 한 번 보는 것만 못 하다는 뜻으로, 무엇이든지 경험해 보아야 보다 확실히 알 수 있다는 말.

사자성어 독음 익히기(1)

> 다음 사자성어의 독음을 쓰세요.

> **예시** 간체자까지 알면 中國語가 쉬워집니다. 중국어

01 代代孫孫 번영을 누리다.

02 내 예상은 百發百中이다.

03 그가 쥐를 무서워한다고? 今時初聞인데.

04 그 소문은 事實無根이야.

05 사군이충, 사친이효, 交友以信, 임전무퇴, 살생유택은 신라 화랑의 다섯 가지 계율이다.

06 우리는 평생 동안 同苦同樂하기로 맹세했다.

07 生老病死는 누구도 예외일 수 없다.

08 한민족은 예로부터 白衣民族으로 불렸다.

09 민주주의는 公明正大한 선거에서 출발한다.

10 학생들은 학교의 결정에 決死反對하는 시위를 벌였다.

> **예시** 간체자까지 알면 **中國語**가 쉬워집니다. 중국어

11 생활에 **不要不急**한 사치품 구입을 억제하다.

12 어떤 일이 있었는지 **不問可知**이다.

13 군대는 **上命下服**의 질서가 엄격하다.

14 우리가 알고 있는 것은 **氷山**의 **一角**일 뿐이다.

15 나는 **生面不知**의 사람에게 신장을 기증했다.

16 삼촌은 **山戰水戰** 다 겪은 사람이다.

17 그는 전후 상황을 **不問曲直**하고 나를 보자마자 화부터 냈다.

18 그는 그 경기에서 가장 **多才多能**한 선수 중 한 명이었다.

19 장보고는 해적들과 싸움에서 **百戰百勝**을 거두며 해상권을 장악했다.

20 세종 대왕은 책을 가까이 두고 백 번 읽고 쓰는 **百讀百習**으로 책을 읽었다고 한다.

사자성어 독음 익히기(2)

다음 사자성어의 독음을 쓰세요.

> **예시** 간체자까지 알면 中國語가 쉬워집니다. 중국어

01 음식 맛이 天下一品이구먼.

02 子子孫孫 물려줄 좋은 전통.

03 계림의 풍광은 天下第一이다.

04 그와 나는 十年知己이다.

05 淸風明月을 벗 삼아 시를 짓다.

06 어떻게 된 일인지 以實直告하지 못할까?

07 자선단체에 재산을 기부한 미국의 億萬長者들.

08 그녀는 3개 국어를 自由自在로 구사한다.

09 年末年始를 맞아 우편물이 급증하고 있다.

10 草綠은 同色이라고 하더니 고만고만한 녀석들끼리 모였다.

> **예시** 간체자까지 알면 **中國語**가 쉬워집니다. 중국어

11 **正正堂堂**히 최선을 다한다면 결과가 꼴찌라도 상관없다.

12 유엔안전보장이사회는 **如出一口**로 북한의 행동에 대해 비난했다.

13 큰 사고였는데 이 정도로 다친 것이 **千萬多幸**이다 싶었다.

14 아는 것은 물론 작은 것부터 실천, **知行合一**을 생활화하다.

15 컴퓨터 한 대로 세상일을 **全知全能**할 수 있으니 참 신기하다.

16 말이 없다가도 한번 말보가 터지면 진짜 **靑山流水**랍니다.

17 국왕의 존재는 **有名無實**해지고, 귀족들이 실권을 잡게 되었다.

18 안중근 의사는 의를 위하여 생명까지 바쳐 그 이름을 **千秋萬代**에 남겼다.

19 공부면 공부, 노래면 노래, 운동이면 운동, 그는 정말 못하는 게 없는 **八方美人**이다.

20 **黃金萬能**주의는 오늘날 우리 사회가 안고 있는 커다란 병폐 중의 하나다.

반의자 익히기(1)

> 다음 한자와 뜻이 반대·상대되는 한자를 보기에서 찾아 쓰세요.

보기
① 使 부릴 사   ② 止 그칠 지   ③ 直 곧을 직   ④ 過 허물 과   ⑤ 學 배울 학
⑥ 重 무거울 중   ⑦ 落 떨어질 락   ⑧ 客 손 객   ⑨ 凶 흉할 흉   ⑩ 樂 즐길 락

01 輕 가벼울 경
02 苦 괴로울 고
03 曲 굽을 곡
04 功 공 공
05 敎 가르칠 교

06 吉 길할 길
07 勞 일할 로
08 當 마땅 당
09 動 움직일 동
10 主 주인 주

보기
⑪ 果 열매 과   ⑫ 河 물 하   ⑬ 末 끝 말   ⑭ 身 몸 신   ⑮ 今 이제 금
⑯ 買 살 매   ⑰ 落 떨어질 락   ⑱ 孫 손자 손   ⑲ 夕 저녁 석   ⑳ 正 바를 정

11 賣 팔 매
12 反 돌이킬 반
13 山 산 산
14 始 처음 시
15 心 마음 심

16 因 인할 인
17 昨 어제 작
18 祖 조상 조
19 朝 아침 조
20 登 오를 등

반의자 익히기(2)

🐟 다음 한자와 뜻이 반대·상대되는 한자를 보기에서 찾아 쓰세요.

> 보기
> ① 死 죽을 사 ② 習 익힐 습 ③ 白 흰 백 ④ 下 아래 하 ⑤ 行 행할 행
> ⑥ 弱 약할 약 ⑦ 活 살 활 ⑧ 前 앞 전 ⑨ 來 올 래 ⑩ 戰 싸움 전

01 知 알 지

02 和 화할 화

03 訓 가르칠 훈

04 黑 검을 흑

05 強 강할 강

06 去 갈 거

07 高 높을 고

08 死 죽을 사

09 生 살 생

10 後 뒤 후

> 보기
> ⑪ 近 가까울 근 ⑫ 冬 겨울 동 ⑬ 短 짧을 단 ⑭ 夜 밤 야 ⑮ 山 산 산
> ⑯ 班 나눌 반 ⑰ 地 땅 지 ⑱ 無 없을 무 ⑲ 行 행할 행 ⑳ 秋 가을 추

11 遠 멀 원

12 有 있을 유

13 長 긴 장

14 晝 낮 주

15 天 하늘 천

16 川 내 천

17 春 봄 춘

18 夏 여름 하

19 合 합할 합

20 言 말씀 언

유의자 익히기(1)

> 다음 한자와 뜻이 같거나 비슷한 한자를 보기에서 찾아 쓰세요.

보기
① 去 갈 거 ② 曲 노래 곡 ③ 算 셈할 산 ④ 室 집 실 ⑤ 貴 귀할 귀
⑥ 邑 고을 읍 ⑦ 仕 섬길 사 ⑧ 訓 가르칠 훈 ⑨ 實 열매 실 ⑩ 式 법 식

01 歌 노래 가
02 家 집 가
03 計 셈 계
04 高 높을 고
05 過 지날 과
06 果 열매 과
07 奉 받들 봉
08 敎 가르칠 교
09 郡 고을 군
10 法 법 법

보기
⑪ 路 길 로 ⑫ 品 물건 품 ⑬ 展 펼 전 ⑭ 度 법도 도 ⑮ 重 중할 중
⑯ 畫 그림 화 ⑰ 本 근본 본 ⑱ 失 잃을 실 ⑲ 卒 병사 졸 ⑳ 章 글 장

11 根 뿌리 근
12 道 길 도
13 圖 그림 도
14 文 글월 문
15 物 물건 물
16 發 필 발
17 法 법 법
18 貴 귀할 귀
19 兵 병사 병
20 過 허물 과

유의자 익히기(2)

▶ 다음 한자와 뜻이 같거나 비슷한 한자를 보기에서 찾아 쓰세요.

보기
① 體 몸 체 ② 亡 망할 망 ③ 考 생각할 고 ④ 失 잃을 실 ⑤ 木 나무 목
⑥ 初 처음 초 ⑦ 童 아이 동 ⑧ 動 움직일 동 ⑨ 式 법 식 ⑩ 業 일 업

01 思 생각 사
02 死 죽을 사
03 事 일 사
04 消 사라질 소
05 樹 나무 수

06 始 처음 시
07 身 몸 신
08 兒 아이 아
09 例 본보기 례
10 運 옮길 운

보기
⑪ 服 옷 복 ⑫ 要 중요할 요 ⑬ 合 모을 합 ⑭ 習 익힐 습 ⑮ 綠 푸를 록
⑯ 洋 바다 양 ⑰ 園 동산 원 ⑱ 福 복 복 ⑲ 任 맡길 임 ⑳ 川 내 천

11 衣 옷 의
12 庭 뜰 정
13 重 무거울 중
14 集 모을 집
15 責 맡을 책

16 靑 푸를 청
17 河 물 하
18 學 배울 학
19 海 바다 해
20 幸 다행 행

한자 다지기 정답

UNIT 1   114쪽

참뜻 익히기
01 ① 加算   02 ④ 可決   03 ⑧ 角度
04 ⑫ 感動   05 ② 客席   06 ⑥ 格式
07 ⑨ 對決   08 ③ 結末   09 ⑤ 敬禮
10 ⑦ 輕重   11 ⑩ 世界   12 ⑪ 考古學
13 ⑬ 告發   14 ⑭ 苦樂

쓰임 익히기
01 ③ 加工   02 ⑦ 可能   03 ④ 死角
04 ⑧ 共感   05 ① 主客   06 ⑥ 品格
07 ⑫ 決勝   08 ⑨ 結實   09 ⑤ 敬老
10 ② 外界   11 ⑭ 參考   12 ⑩ 公告
13 ⑬ 苦生   14 ⑪ 曲直

독음 익히기
01 가공   02 가산   03 가결
04 가능   05 각도   06 사각
07 감동   08 공감   09 객석
10 주객   11 격식   12 품격
13 대결   14 결승   15 결실
16 결성   17 경중   18 경공업
19 경례   20 경로   21 세계
22 한계   23 고락   24 고생
25 고고학 26 참고   27 고발
28 공고   29 명곡   30 곡선미

UNIT 2   117쪽

참뜻 익히기
01 ③ 公開   02 ⑦ 結果   03 ④ 過去
04 ⑧ 地球   05 ① 郡民   06 ⑥ 高貴
07 ⑫ 根本   08 ⑨ 等級   09 ⑤ 吉日
10 ② 能動   11 ⑭ 苦待   12 ⑩ 道德
13 ⑬ 速度   14 ⑪ 運動

쓰임 익히기
01 ④ 公共   02 ⑦ 成果   03 ① 過勞
04 ⑩ 野球   05 ⑪ 郡內   06 ⑭ 貴族
07 ⑤ 根性   08 ② 級訓   09 ⑫ 吉凶
10 ③ 才能   11 ⑧ 書堂   12 ⑥ 德分
13 ⑨ 溫度   14 ⑬ 動物

독음 익히기
01 공평   02 공공   03 결과
04 성과   05 과실   06 통과
07 지구   08 야구   09 군민
10 군내   11 귀중   12 품귀
13 근본   14 근성   15 등급
16 고급   17 길흉   18 길일
19 능통   20 재능   21 당당
22 서당   23 고대   24 대합실
25 도덕   26 덕분   27 속도
28 온도   29 운동   30 동물

UNIT 3   120쪽

참뜻 익히기
01 ④ 童心   02 ⑦ 當落   03 ① 良心
04 ⑩ 歷史   05 ⑪ 事例   06 ⑭ 勞使
07 ⑤ 道路   08 ② 綠地   09 ⑫ 流通
10 ③ 李花   11 ⑧ 亡身   12 ⑥ 不買
13 ⑨ 賣出   14 ⑬ 美德

쓰임 익히기
01 ⑦ 童詩   02 ① 落後   03 ⑭ 不良
04 ⑧ 來歷   05 ② 例外   06 ④ 勞苦
07 ⑫ 路線   08 ⑨ 綠色   09 ⑤ 交流
10 ③ 死亡   11 ⑩ 買入   12 ⑪ 賣買
13 ⑬ 美術   14 ⑥ 合流

독음 익히기
01 동심   02 동시   03 당락
04 낙후   05 양심   06 불량
07 역사   08 내력   09 사례
10 예외   11 도로   12 노선
13 노사   14 노고   15 공로
16 녹지   17 녹색   18 유통
19 교류   20 합류   21 망신
22 사망   23 망명   24 매입
25 불매   26 매출   27 매매
28 미덕   29 미화   30 미식가

UNIT 4   123쪽

참뜻 익히기
01 ⑥ 反對   02 ① 發見   03 ⑨ 法度
04 ⑭ 兵卒   05 ⑦ 病院   06 ③ 福利

07 ⑩ 奉安   08 ⑧ 結氷   09 ⑬ 奉仕
10 ⑪ 史記   11 ② 使臣   12 ⑤ 思考
13 ④ 計算   14 ⑫ 衣服

쓰임 익히기
01 ⑤ 反感   02 ⑦ 發明王   03 ⑪ 法庭
04 ⑬ 海兵   05 ① 發病   06 ④ 服用
07 ⑧ 多福   08 ⑩ 信奉   09 ⑭ 氷水
10 ③ 出仕   11 ⑥ 史學家   12 ⑫ 使命
13 ⑨ 意思   14 ② 書法

독음 익히기
01 반대   02 반감   03 발견
04 발명   05 법도   06 방법
07 법정   08 병법   09 해병
10 유행병 11 발병   12 복리
13 다복   14 의복   15 복용
16 봉안   17 신봉   18 결빙
19 빙수   20 봉사   21 출사
22 사고   23 의사   24 사기
25 청사   26 사명   27 특사
28 계산   29 산출   30 산수

UNIT 5   126쪽

참뜻 익히기
01 ④ 相反   02 ⑧ 首席   03 ① 雪原
04 ⑭ 反省   05 ⑩ 消失   06 ⑨ 過速
07 ⑬ 子孫   08 ⑤ 數學   09 ③ 樹木
10 ⑪ 宿題   11 ⑥ 順理   12 ⑫ 手術
13 ⑦ 學習   14 ② 勝利

쓰임 익히기
01 ② 相對的 02 ⑤ 出席   03 ⑨ 白雪
04 ⑥ 自省   05 ⑭ 洗車   06 ⑩ 消化
07 ⑬ 急速   08 ⑪ 孫子   09 ③ 多數
10 ⑦ 樹立   11 ⑫ 宿食   12 ① 順位
13 ④ 習作   14 ⑧ 名勝

독음 익히기
01 상대적 02 상반   03 수석
04 출석   05 설원   06 백설
07 반성   08 자성   09 세례
10 세차장 11 소실   12 소화

13 과속   14 급속   15 후손
16 손자   17 수목   18 수립
19 다수   20 과반수 21 숙제
22 숙식   23 순리   24 순위
25 수술   26 술수   27 학습
28 실습   29 승리   30 명승

UNIT 6   129쪽

참뜻 익히기
01 ⑦ 始作   02 ⑩ 式順   03 ⑭ 臣下
04 ① 失手   05 ⑧ 實在   06 ⑫ 兒童
07 ③ 愛好   08 ⑥ 野外   09 ⑪ 藥草
10 ⑨ 海洋   11 ⑤ 太陽   12 ⑬ 漁夫
13 ④ 億萬   14 ② 事業

쓰임 익히기
01 ⑦ 原始   02 ⑩ 格式   03 ⑭ 功臣
04 ① 失業   05 ⑧ 現實   06 ⑫ 小兒
07 ③ 友愛   08 ⑥ 分野   09 ⑪ 農藥
10 ⑨ 遠洋   11 ⑤ 陽地   12 ⑬ 農漁村
13 ② 業體   14 ④ 公式

독음 익히기
01 시작   02 원시   03 식순
04 공식   05 신하   06 공신
07 실재   08 현실   09 실수
10 실업   11 아동   12 남아
13 애호가 14 우애   15 야외
16 분야   17 약초   18 약물
19 태양   20 양지   21 해양
22 원양   23 어부   24 농어촌
25 억만   26 작업   27 사업
28 업계   29 여전   30 여의

UNIT 7   132쪽

참뜻 익히기
01 ⑤ 溫和   02 ⑦ 要因   03 ⑪ 勇氣
04 ⑬ 風雲   05 ① 書院   06 ④ 字源
07 ⑧ 花園   08 ⑩ 理由   09 ⑭ 油田
10 ③ 飮食   11 ⑥ 醫術   12 ⑫ 以上
13 ⑨ 因果   14 ② 任命

한자 다지기 정답 159

쓰임 익히기
01 ⑩ 果然   02 ③ 氣溫   03 ④ 必要
04 ⑭ 勇士   05 ⑪ 雲集   06 ⑤ 入院
07 ⑦ 根源   08 ⑧ 由來   09 ⑬ 原油
10 ⑨ 米飮   11 ① 醫院   12 ⑫ 以外
13 ② 原因   14 ⑥ 任用

독음 익히기
01 자연   02 과연   03 온화
04 기온   05 요인   06 필요
07 용기   08 용사   09 청운
10 운집   11 입원   12 학원
13 자원   14 근원   15 공원
16 과수원   17 이유   18 유래
19 원유   20 유전   21 음식
22 미음   23 의술   24 의학
25 이상   26 이외   27 원인
28 인과   29 임명   30 임용

UNIT 8 135쪽

참뜻 익히기
01 ④ 記者   02 ⑦ 昨年   03 ① 文章
04 ⑩ 再會   05 ⑤ 在任   06 ⑪ 材木
07 ② 的中   08 ⑫ 古典   09 ⑬ 作戰
10 ⑧ 展示會   11 ⑨ 安定   12 ⑭ 庭園
13 ③ 落第   14 ⑥ 題目

쓰임 익히기
01 ⑦ 學者   02 ⑨ 圖章   03 ⑬ 再現
04 ② 內在   05 ⑤ 人材   06 ⑪ 目的
07 ④ 字典   08 ⑫ 戰術   09 ③ 發展
10 ① 一定   11 ⑩ 法庭   12 ⑥ 第一
13 ⑧ 問題   14 ⑭ 家庭

독음 익히기
01 기자   02 학자   03 작년
04 작금   05 문장   06 도장
07 재회   08 재현   09 재임
10 재래   11 재목   12 인재
13 적중   14 목적   15 적자
16 적색   17 고전   18 자전
19 작전   20 전술   21 전시회
22 발전   23 정원   24 가정
25 안정   26 일정   27 제목
28 문제   29 낙제   30 제일

UNIT 9 138쪽

참뜻 익히기
01 ② 家族   02 ⑤ 卒業   03 ⑨ 注入
04 ⑥ 止血   05 ⑭ 感知   06 ⑩ 便紙
07 ⑬ 集大成   08 ⑪ 參加   09 ③ 窓門
10 ⑦ 責任   11 ⑫ 淸明   12 ① 體育
13 ④ 初步   14 ⑧ 充實

쓰임 익히기
01 ② 部族   02 ⑦ 卒兵   03 ⑨ 注意
04 ③ 中止   05 ⑩ 知能   06 ⑬ 紙面
07 ④ 集中   08 ⑧ 參見   09 ① 同窓
10 ⑭ 自責   11 ⑪ 淸算   12 ⑥ 身體
13 ⑫ 始初   14 ⑤ 充足

독음 익히기
01 가족   02 부족   03 졸업
04 병졸   05 광주   06 전주
07 주입   08 주의   09 지혈
10 중지   11 감지   12 지능
13 표지   14 지면   15 집중
16 집대성   17 참가   18 참견
19 창구   20 동창   21 책임
22 자책   23 청명   24 청산
25 체감   26 신체   27 초보
28 시초   29 충실   30 충분

UNIT 10 141쪽

참뜻 익히기
01 ⑦ 特別   02 ① 表示   03 ⑭ 名品
04 ⑧ 必勝   05 ② 山河   06 ④ 多幸
07 ⑫ 表現   08 ⑨ 番號   09 ⑤ 化石
10 ③ 畵室   11 ⑩ 敎訓   12 ⑪ 凶年
13 ⑬ 黑白   14 ⑥ 生必品

쓰임 익히기
01 ⑦ 特定   02 ⑪ 發表   03 ① 醫藥品
04 ⑨ 生必品   05 ③ 河川   06 ⑬ 幸福
07 ⑩ 現在   08 ② 信號   09 ⑥ 强化
10 ⑫ 畵家   11 ④ 家訓   12 ⑧ 凶物
13 ⑭ 文化   14 ⑤ 性品

독음 익히기
01 특별   02 특정   03 표시
04 발표   05 의약품   06 명품
07 인품   08 필승   09 생필품

10 하천	11 빙하	12 행복
13 다행	14 현재	15 표현
16 번호	17 신호	18 화석
19 강화	20 화가	21 화면
22 기호	23 문화	24 성품
25 교훈	26 가훈	27 훈민정음
28 흉년	29 흉물	30 흑백

사자성어 익히기　　　　　　　　144쪽

참뜻 익히기(1)

01 ⑤ 대대손손	02 ④ 경천애인	03 ⑩ 백발백중
04 ⑥ 교우이신	05 ① 다재다능	06 ② 백독백습
07 ⑦ 동고동락	08 ⑨ 집소성대	09 ③ 결사반대
10 ⑧ 금시초문	11 ⑮ 백전백승	12 ⑪ 불요불급
13 ⑲ 안분지족	14 ⑫ 공명정대	15 ⑱ 백년하청
16 ⑯ 백의민족	17 ⑬ 교학상장	18 ⑰ 낙화유수
19 ⑳ 동가식서가숙	20 ⑭ 양약고구	

참뜻 익히기(2)

01 ⑥ 문일지십	02 ⑨ 이실직고	03 ⑦ 만사여의
04 ① 불문가지	05 ② 불문곡직	06 ④ 사실무근
07 ⑧ 유명무실	08 ③ 십년지기	09 ⑤ 사친이효
10 ⑩ 무불통지	11 ⑭ 언행상반	12 ⑱ 생로병사
13 ⑬ 억만장자	14 ⑮ 여출일구	15 ⑯ 연말연시
16 ⑪ 산전수전	17 ⑲ 생면부지	18 ⑫ 빙산일각
19 ⑰ 상명하복	20 ⑳ 생불여사	

참뜻 익히기(3)

01 ⑩ 천만다행	02 ⑨ 지행합일	03 ② 자과부지
04 ① 천하제일	05 ⑤ 자유자재	06 ⑦ 정정당당
07 ⑧ 주객일체	08 ③ 팔방미인	09 ④ 황금만능
10 ⑥ 만무일실	11 ⑲ 전지전능	12 ⑰ 자승자강
13 ⑪ 천하일품	14 ⑬ 청산류수	15 ⑭ 청풍명월
16 ⑮ 초록동색	17 ⑱ 인명재천	18 ⑫ 입춘대길
19 ⑯ 천추만대	20 ⑳ 백문불여일견	

독음 익히기(1)

01 대대손손	02 백발백중	03 금시초문
04 사실무근	05 교우이신	06 동고동락
07 생로병사	08 백의민족	09 공명정대
10 결사반대	11 불요불급	12 불문가지
13 상명하복	14 빙산일각	15 생면부지
16 산전수전	17 불문곡직	18 다재다능
19 백전백승	20 백독백습	

독음 익히기(2)

01 천하일품	02 자자손손	03 천하제일
04 십년지기	05 청풍명월	06 이실직고
07 억만장자	08 자유자재	09 연말연시
10 초록동색	11 정정당당	12 여출일구
13 천만다행	14 지행합일	15 전지전능
16 청산유수	17 유명무실	18 천추만대
19 팔방미인	20 황금만능	

반의자·유의자 익히기　　　　　　　　154쪽

반의자 (1)

01 ⑥ 重 무거울 중	02 ⑩ 樂 즐길 락	03 ③ 直 곧을 직
04 ④ 過 허물 과	05 ⑤ 學 배울 학	06 ⑨ 凶 흉할 흉
07 ① 使 부릴 사	08 ⑦ 落 떨어질 락	09 ② 止 그칠 지
10 ⑧ 客 손 객	11 ⑯ 買 살 매	12 ⑳ 正 바를 정
13 ⑫ 河 물 하	14 ⑬ 末 끝 말	15 ⑭ 身 몸 신
16 ⑪ 果 열매 과	17 ⑮ 今 이제 금	18 ⑱ 孫 손자 손
19 ⑲ 夕 저녁 석	20 ⑰ 落 떨어질 락	

반의자 (2)

01 ⑤ 行 행할 행	02 ⑩ 戰 싸움 전	03 ② 習 익힐 습
04 ③ 白 흰 백	05 ⑥ 弱 약할 약	06 ⑨ 來 올 래
07 ④ 下 아래 하	08 ⑦ 活 살 활	09 ① 死 죽을 사
10 ⑧ 前 앞 전	11 ⑪ 近 가까울 근	12 ⑱ 無 없을 무
13 ⑬ 短 짧을 단	14 ⑭ 夜 밤 야	15 ⑰ 地 땅 지
16 ⑮ 山 산 산	17 ⑳ 秋 가을 추	18 ⑫ 冬 겨울 동
19 ⑯ 班 나눌 반	20 ⑲ 行 행할 행	

유의자 (1)

01 ② 曲 노래 곡	02 ④ 室 집 실	03 ③ 算 셈할 산
04 ⑤ 貴 귀할 귀	05 ① 去 갈 거	06 ⑨ 實 열매 실
07 ⑦ 仕 섬길 사	08 ⑧ 訓 가르칠 훈	09 ⑥ 邑 고을 읍
10 ⑩ 式 법 식	11 ⑰ 本 근본 본	12 ⑪ 路 길 로
13 ⑯ 畵 그림 화	14 ⑳ 章 글 장	15 ⑫ 品 물건 품
16 ⑬ 展 펼 전	17 ⑭ 度 법도 도	18 ⑮ 重 중할 중
19 ⑲ 卒 병사 졸	20 ⑱ 失 잃을 실	

유의자 (2)

01 ③ 考 생각할 고	02 ② 亡 망할 망	03 ⑩ 業 일 업
04 ④ 失 잃을 실	05 ⑤ 木 나무 목	06 ⑥ 初 처음 초
07 ① 體 몸 체	08 ⑦ 童 아이 동	09 ⑨ 式 법 식
10 ⑧ 動 움직일 동	11 ⑪ 服 옷 복	12 ⑰ 園 동산 원
13 ⑫ 要 중요할 요	14 ⑬ 合 모을 합	15 ⑲ 任 맡길 임
16 ⑮ 綠 푸를 록	17 ⑳ 川 내 천	18 ⑭ 習 익힐 습
19 ⑯ 洋 바다 양	20 ⑱ 福 복 복	

HNK 5급

汉字能力考试

국제공인 한자자격증도 거뜬하게!

예상문제

1회~5회

정답

1회 예상문제 5급   월   일

선택형 [1~30]

[1~5] 다음 한자에 해당하는 훈과 음을 고르시오.

01 然
① 개 견　　② 처음 초
③ 그러할 연　④ 반드시 필

02 州
① 고을 주　　② 내 천
③ 신하 신　　④ 순박할 박

03 告
① 소 우　　② 각각 각
③ 예 고　　④ 알릴 고

04 育
① 있을 유　　② 기를 육
③ 급할 급　　④ 고기 육

05 首
① 스스로 자　② 흰 백
③ 일백 백　　④ 머리 수

[6~10] 다음 훈과 음에 해당하는 한자를 고르시오.

06 어질 량
① 食　② 靑　③ 良　④ 夏

07 펼 전
① 展　② 住　③ 電　④ 形

08 생각할 고
① 音　② 高　③ 京　④ 考

09 언덕 원
① 登　② 原　③ 强　④ 校

10 향할 향
① 同　② 放　③ 安　④ 向

[11~15] 다음 훈과 음에 해당하는 한자와 그 간체자가 바르게 짝지어진 것을 고르시오.

11 필 발
① 體 = 体　② 發 = 发
③ 決 = 决　④ 愛 = 爱

12 없을 무
① 無 = 无　② 軍 = 军
③ 氣 = 气　④ 韓 = 韩

13 가벼울 경
① 場 = 场　② 銀 = 银
③ 輕 = 轻　④ 黃 = 黄

14 의원 의
① 來 = 来　② 畫 = 画
③ 藥 = 药　④ 醫 = 医

15 움직일 동
① 電 = 电　② 語 = 语
③ 動 = 动　④ 後 = 后

[16~18] 다음 한자와 뜻이 반대 또는 상대되는 한자를 고르시오.

16 敎
① 衣　② 學　③ 通　④ 事

17 今
　① 作　② 左　③ 右　④ 昨

18 落
　① 當　② 海　③ 短　④ 名

[19~21] 다음 한자와 뜻이 같거나 비슷한 한자를 고르시오.

19 合
　① 多　② 旗　③ 集　④ 每

20 法
　① 度　② 南　③ 功　④ 色

21 道
　① 英　② 根　③ 里　④ 路

[22~24] 다음 밑줄 친 낱말의 뜻을 가진 한자를 고르시오.

22 술래를 <u>정하고</u> 놀이를 시작했다.
　① 手　② 李　③ 立　④ 定

23 책상 위에 찾는 <u>물건</u>이 있을 것이다.
　① 品　② 間　③ 出　④ 區

24 그녀는 바다가 보이는 <u>마을</u>에서 태어났다.
　① 村　② 內　③ 才　④ 會

[25~27] 다음 뜻을 가진 한자어를 고르시오.

25 실지로 늘 쓰는 돈.
　① 元金　② 現金　③ 年金　④ 黃金

26 노인을 공경함.
　① 敬老　② 孝道　③ 老少　④ 孝順

27 아름답게 꾸밈.
　① 反美　② 美術　③ 美化　④ 美食

[28~30] 다음 밑줄 친 한자어의 뜻을 고르시오.

28 대상을 받은 후 수상 <u>所感</u>을 발표했다.

　① 감사히 여김
　② 마음에 느낀 바
　③ 요구되거나 필요한 바
　④ 깊이 느끼어 마음이 움직임

29 아버지는 세탁기 <u>使用</u>법을 익히셨다.

　① 편리하게 씀
　② 움직이게 되는 힘
　③ 오로지 어떤 한 가지만을 씀
　④ 일정한 목적이나 기능에 맞게 씀

30 할아버지께서 <u>病席</u>에서 일어나길 바란다.

　① 병이 남
　② 고치기 어려운 병
　③ 병자가 앓아누워 있는 자리
　④ 신체의 온갖 기능의 장애로 말미암은 병

 예상문제 5급

단답형 [31~100]

[31~40] 다음 한자의 훈과 음을 쓰시오.
(31~40번은 간체자 표기임)

예시 一 ➡ 한일

31 利
32 童
33 者
34 步
35 成
36 院
37 劳
38 第
39 科
40 答
41 姓
42 朝
43 郡
44 曲
45 洗
46 新
47 便
48 堂
49 如
50 近

[51~70] 다음 한자어의 독음을 쓰시오.
(51~60번은 간체자 표기임)

예시 天地 ➡ 천지

51 计算
52 等级
53 雪夜
54 任意
55 充足
56 以前
57 止血
58 在野
59 根源
60 理由

61 吉凶
62 的中
63 法庭
64 特別
65 再生
66 信奉
67 限界
68 加速
69 思考
70 原因

[71~75] 다음 한자를 간체자로 바꿔 쓰시오.

보기 习 直 豆 头 植 纸 顺

71 紙
72 習
73 頭
74 直
75 順

[76~80] 다음 간체자를 번체자로 바꿔 쓰시오.

보기 親 新 國 術 休 萬 責

76 术
77 亲
78 国
79 责
80 万

[81~82] 다음 한자의 부수를 쓰시오.

예시 室 ➡ 宀

81 度
82 典

[83~85] 다음 뜻을 가진 사자성어를 〈보기〉에서 찾아 한글로 쓰시오.

보기
教學相長　十年知己
聞一知十　淸風明月
上命下服　生不如死

83 맑은 바람과 밝은 달.

84 남을 가르치는 일과 스승에게 배우는 일이 서로 도와 자신의 공부를 증진시킨다는 뜻.

85 오래전부터 친하게 사귀어 온 친구.

[86~95] 다음 밑줄 친 한자어의 독음을 쓰시오.

예시
漢字를 익힐 때는 여러 가지의 훈과 음에 유의해야 합니다. ➡ 한자

86 이 제품은 性能이 뛰어나지만 단점도 있다.

87 해외에 나가 나라 亡身을 시키는 사람이 있다.

88 그는 이번 사건의 용의자로 注目을 받아 왔다.

89 국회의원 선거는 국민의 代表를 뽑는 소중한 일이다.

90 수학을 공부할 때는 公式의 암기보다 응용이 더 중요하다.

91 겨울에 스키와 氷上 스케이트를 즐겨 탄다.

92 그는 重要한 약속이 있어 서둘러 나갔다.

93 방학이면 家族들과 멀리 여행을 떠난다.

94 삼촌은 군 시절 卒兵 때 이야기를 해주셨다.

95 그 회사는 몇 달째 赤字만 겨우 면했다.

96~100] 다음 문장의 내용에 맞게 밑줄 친 한자어를 쓰시오.

예시
한자를 쓸 때는 순서에 유의해야 합니다. ➡ 漢字

96 이번 행사는 실내에서 방송을 통해 하기로 했다.

97 그녀는 밤새 운 탓에 눈 부위가 통통 부었다.

98 위급한 상황이었지만 우리는 합심했다.

99 이 회사의 제품은 소비자들로부터 외면을 당해 왔다.

100 무엇보다도 기술 개발이 선행 과제라고 본다.

선택형 [1~30]

[1~5] 다음 한자에 해당하는 훈과 음을 고르시오.

01 知
① 알 지 ② 잃을 실
③ 빛 색 ④ 집 실

02 室
① 벗 우 ② 집 실
③ 흙 토 ④ 땅 지

03 式
① 장인 공 ② 가을 추
③ 절반 반 ④ 법 식

04 代
① 기다릴 대 ② 다닐 행
③ 대신할 대 ④ 살 주

05 功
① 힘 력 ② 길할 길
③ 공 공 ④ 맡길 임

[6~10] 다음 훈과 음에 해당하는 한자를 고르시오.

06 써 이
① 耳 ② 以 ③ 末 ④ 東

07 흉할 흉
① 白 ② 弱 ③ 元 ④ 凶

08 지경 계
① 界 ② 世 ③ 西 ④ 方

09 빌 공
① 姓 ② 平 ③ 和 ④ 空

10 길 도
① 通 ② 道 ③ 德 ④ 路

[11~15] 다음 훈과 음에 해당하는 한자와 그 간체자가 바르게 짝지어진 것을 고르시오.

11 살 매
① 題 = 题 ② 體 = 体
③ 買 = 买 ④ 億 = 亿

12 등급 급
① 當 = 当 ② 級 = 级
③ 樂 = 乐 ④ 植 = 植

13 옮길 운
① 運 = 运 ② 會 = 会
③ 區 = 区 ④ 銀 = 银

14 셈 수
① 靑 = 青 ② 數 = 数
③ 歷 = 历 ④ 風 = 风

15 싸울 전
① 孫 = 孙 ② 綠 = 绿
③ 輕 = 轻 ④ 戰 = 战

[16~18] 다음 한자와 뜻이 반대 또는 상대되는 한자를 고르시오.

16 夕
① 朝 ② 告 ③ 黑 ④ 州

17 落
① 男　② 半　③ 登　④ 英

18 去
① 衣　② 來　③ 消　④ 思

[19~21] 다음 한자와 뜻이 같거나 비슷한 한자를 고르시오.

19 幸
① 病　② 任　③ 表　④ 福

20 計
① 愛　② 算　③ 院　④ 高

21 歌
① 曲　② 明　③ 老　④ 答

[22~24] 다음 밑줄 친 낱말의 뜻을 가진 한자를 고르시오.

22 그는 누구보다 처세에 <u>능하다</u>.
① 席　② 能　③ 全　④ 意

23 모두에게 미래에 대한 꿈이 <u>있다</u>.
① 夜　② 短　③ 交　④ 在

24 저 멀리 <u>고기잡이</u> 배가 지나간다.
① 馬　② 郡　③ 漁　④ 兵

[25~27] 다음 뜻을 가진 한자어를 고르시오.

25 학식과 능력이 뛰어난 사람.
① 木材　② 人間　③ 教人　④ 人材

26 주인과 손님.
① 主客　② 上客　③ 客地　④ 主體

27 처음으로 함.
① 年始　② 作成　③ 始作　④ 始末

[28~30] 다음 밑줄 친 한자어의 뜻을 고르시오.

28 젊어서 <u>苦生</u>은 사서도 한다는 말이 있다.
① 괴로운 심경
② 생명을 유지하고 있음
③ 어렵고 고된 일을 겪음
④ 몸이나 마음의 괴로움과 아픔

29 지난주 일어난 사고의 <u>根本</u> 원인이 밝혀졌다.
① 뿌리와 줄기
② 사물의 생겨나는 근원
③ 근본에 맞는 격식이나 규격
④ 기본형에서의 화음의 가장 밑의 음

30 <u>勇氣</u> 내어 그녀에게 고백했다.
① 대기의 온도
② 용기를 북돋음
③ 활발하고 생생한 기운
④ 씩씩하고 용감한 기운

2회 예상문제 5급

단답형 [31~100]

[31~40] 다음 한자의 훈과 음을 쓰시오.
(31~40번은 간체자 표기임)

예시 一 ➡ 한일

31 结
32 饮
33 开
34 语
35 礼
36 贵
37 服
38 李
39 朴
40 赤
41 肉
42 京
43 夏
44 分
45 南
46 然
47 族
48 弟
49 法
50 洞

[51~70] 다음 한자어의 독음을 쓰시오.
(51~60번은 간체자 표기임)

예시 天地 ➡ 천지

51 可动
52 头角
53 多福
54 云集
55 学习
56 文身
57 功臣
58 童诗
59 史记
60 路线
61 公共
62 例示
63 苦待
64 世界
65 草原
66 德分
67 村落
68 氷雪
69 林野
70 油田

[71~75] 다음 한자를 간체자로 바꿔 쓰시오.

보기 树 东 电 窗 对 贝 见

71 窓
72 電
73 樹
74 對
75 見

[76~80] 다음 간체자를 번체자로 바꿔 쓰시오.

보기 樂 藥 決 順 訓 軍 兒

76 军
77 决
78 儿
79 训
80 药

[81~82] 다음 한자의 부수를 쓰시오.

예시 室 ➡ 宀

81 洋
82 展

[83~85] 다음 뜻을 가진 사자성어를 〈보기〉에서 찾아 한글로 쓰시오.

보기
正正堂堂　　天下一品
自勝者强　　代代孫孫
集小成大　　草綠同色

83 대대로 이어오는 자손.

84 태도나 처지가 바르고 떳떳함.

85 비교할 수 없을 정도로 뛰어남. 또는 그런 물건.

[86~95] 다음 밑줄 친 한자어의 독음을 쓰시오.

예시
漢字를 익힐 때는 여러 가지의 훈과 음에 유의해야 합니다. ➡ 한자

86 火藥을 지고 불로 들어가는 꼴이야.

87 일 년 동안 친구 집에서 宿食을 하고 있다.

88 저기 우주 밖에 地球 같은 행성들이 또 있을 지도 모른다.

89 동생이 反省은커녕 도리어 화를 냈다.

90 이 책은 必讀 도서로 선정되었다.

91 속된 말을 자주 사용하면 品格이 낮은 사람으로 여긴다.

92 부모님은 우리들의 영상편지를 보고 感動을 받으셨다.

93 이모는 失業한 후 집에서 쉬고 있다.

94 느티나무가 있는 校庭을 둘러보았다.

95 流通 기한이 지난 우유를 먹고 탈이 났어요.

[96~100] 다음 문장의 내용에 맞게 밑줄 친 한자어를 쓰시오.

예시
한자를 쓸 때는 순서에 유의해야 합니다. ➡ 漢字

96 그는 사업가인 동시에 정치가다.

97 그녀의 목소리가 몹시 다급했다.

98 고속도로에 터널 공사를 시작했다.

99 인생에 기회는 매번 오지 않는다.

100 이번 행사로 시민들의 의식을 알 수 있다.

선택형 [1~30]

[1~5] 다음 한자에 해당하는 훈과 음을 고르시오.

01 吉
① 예 고   ② 길할 길
③ 알 지   ④ 다행 행

02 州
① 고을 주   ② 강 강
③ 내 천   ④ 북녘 북

03 感
① 생각할 고   ② 흐를 류
③ 느낄 감   ④ 잠잘 숙

04 奉
① 집 당   ② 뿔 각
③ 받들 봉   ④ 옳을 가

05 首
① 스스로 자   ② 거느릴 부
③ 무리 등   ④ 머리 수

[6~10] 다음 훈과 음에 해당하는 한자를 고르시오.

06 높을 고
① 民   ② 高   ③ 友   ④ 田

07 생각 사
① 考   ② 四   ③ 血   ④ 思

08 순할 순
① 順   ② 秋   ③ 便   ④ 形

09 대답할 답
① 合   ② 答   ③ 食   ④ 世

10 한할 한
① 道   ② 旗   ③ 限   ④ 近

[11~15] 다음 훈과 음에 해당하는 한자와 그 간체자가 바르게 짝지어진 것을 고르시오.

11 참여할 참
① 參 = 参   ② 無 = 无
③ 農 = 农   ④ 韓 = 韩

12 지날 과
① 陽 = 阳   ② 窓 = 窗
③ 過 = 过   ④ 號 = 号

13 줄 선
① 億 = 亿   ② 線 = 线
③ 兒 = 儿   ④ 戰 = 战

14 제목 제
① 孫 = 孙   ② 勝 = 胜
③ 綠 = 绿   ④ 題 = 题

15 열매 실
① 雲 = 云   ② 體 = 体
③ 實 = 实   ④ 對 = 对

[16~18] 다음 한자와 뜻이 반대 또는 상대되는 한자를 고르시오.

16 輕
① 集   ② 然   ③ 典   ④ 重

17 反
① 理 ② 正 ③ 利 ④ 空

18 昨
① 夕 ② 今 ③ 世 ④ 白

[19~21] 다음 한자와 뜻이 같거나 비슷한 한자를 고르시오.

19 動
① 放 ② 部 ③ 運 ④ 先

20 品
① 步 ② 物 ③ 活 ④ 邑

21 始
① 初 ② 主 ③ 話 ④ 休

[22~24] 다음 밑줄 친 낱말의 뜻을 가진 한자를 고르시오.

22 여섯시를 <u>알리는</u> 종이 울렸다.
① 里 ② 班 ③ 新 ④ 告

23 그들은 얼굴을 붉히며 <u>서로</u> 노려보고 있다.
① 相 ② 示 ③ 以 ④ 現

24 동생은 자기반에서 노래 실력이 <u>으뜸</u>이다.
① 庭 ② 材 ③ 元 ④ 聞

[25~27] 다음 뜻을 가진 한자어를 고르시오.

25 어떤 일이나 현상의 진행을 더 빨라지게 함.
① 急速 ② 加工 ③ 加速 ④ 加重

26 덥고 찬 정도.
① 溫度 ② 强度 ③ 氣溫 ④ 溫室

27 맡아서 해야 할 임무나 의무.
① 任命 ② 自責 ③ 新任 ④ 責任

[28~30] 다음 밑줄 친 한자어의 뜻을 고르시오.

28 그 아이가 스스로 선택한 <u>決定</u>이었다.

① 마음을 먹음
② 얽힌 일을 풀어 처리함
③ 이미 정했던 것을 다시 고치어 정함
④ 매듭짓도록 방향이나 태도를 분명하게 정함

29 원하는 것을 <u>充足</u>시켜 기분이 좋다.

① 원을 채움
② 다른 것으로 대신 채움
③ 넉넉해서 모자람이 없음
④ 손발과 같이 마음대로 부리는 사람

30 쌓인 감정을 언어폭력으로 <u>表出</u>하는 건 좋지 않다.
① 겉으로 나타냄
② 처음으로 지어냄
③ 본받아 배울 만한 본보기
④ 널리 드러내어 세상에 알림

3회 예상문제 5급

단답형 [31~100]

[31~40] 다음 한자의 훈과 음을 쓰시오.
(31~40번은 간체자 표기임)

예시 一 ➡ 한일

31 号	32 者
33 清	34 原
35 纸	36 使
37 兵	38 第
39 妈	40 爸
41 必	42 止
43 郡	44 席
45 洗	46 德
47 河	48 化
49 能	50 很

[51~70] 다음 한자어의 독음을 쓰시오.
(51~60번은 간체자 표기임)

예시 天地 ➡ 천지

51 卒业	52 向后
53 敬礼	54 树立
55 胜利	56 手术
57 发病	58 作动
59 顺位	60 问题
61 病院	62 亡命
63 奉仕	64 要因
65 目的	66 野球
67 作曲	68 格言
69 黑心	70 事由

[71~75] 다음 한자를 간체자로 바꿔 쓰시오.

보기 当 习 力 爱 历 远 近

71 歷	72 習
73 愛	74 當
75 遠	

[76~80] 다음 간체자를 번체자로 바꿔 쓰시오.

보기 園 圖 勞 畵 晝 直 後

76 直	77 园
78 劳	79 昼
80 后	

[81~82] 다음 한자의 부수를 쓰시오.

예시 室 ➡ 宀

| 81 美 | 82 紙 |

[83~85] 다음 뜻을 가진 사자성어를 〈보기〉에서 찾아 한글로 쓰시오.

보기
多才多能   年末年始
百發百中   全知全能
以實直告   前無後無

83 사실 그대로 알림.

84 재주가 많고 능력이 풍부함.

85 백 번 쏘아 백 번 맞힌다는 뜻으로, 무슨 일이나 틀림없이 잘 들어맞음.

[86~95] 다음 밑줄 친 한자어의 독음을 쓰시오.

예시
漢字를 익힐 때는 여러 가지의 훈과 음에 유의해야 합니다. ➡ 한자

86 기름이 떨어져 가는데 注油할 곳이 없었다.

87 사고 두 시간 만에 지하철 운행을 再開했다.

88 요즘은 성형 수술을 하지 않은 自然 미인임을 뽐내는 시대다.

89 한자 字源을 알면 한자를 무작정 외우지 않아도 된다.

90 그녀는 지난 봄 英國으로 유학을 떠났다.

91 추석 特別 보너스를 의외로 많이 받았다.

92 그 아이의 거짓말하는 버릇은 如前하다.

93 큰 상을 받은 그녀에게 敬意를 표했다.

94 지구는 太陽의 둘레를 돈다.

95 이 지역은 通信 상태가 불량하다.

96~100] 다음 문장의 내용에 맞게 밑줄 친 한자어를 쓰시오.

예시
한자를 쓸 때는 순서에 유의해야 합니다. ➡ 漢字

96 국가의 안전이 위협을 받고 있다.

97 예능 방면에 뛰어난 재능을 갖고 있다.

98 그는 외교에 빼어난 수완을 발휘하였다.

99 오늘 할 일을 내일로 미뤘다.

100 집안 청소를 하고 엄마에게 생색을 냈다.

선택형 [1~30]

[1~5] 다음 한자에 해당하는 훈과 음을 고르시오.

01 如
① 계집 녀　② 같을 여
③ 검을 흑　④ 맡길 임

02 現
① 나타날 현　② 볼 견
③ 억 억　④ 가르칠 교

03 席
① 수건 건　② 짧을 단
③ 자리 석　④ 한가지 동

04 由
① 기름 유　② 밭 전
③ 마을 리　④ 말미암을 유

05 共
① 법 전　② 급할 급
③ 함께 공　④ 차례 번

[6~10] 다음 훈과 음에 해당하는 한자를 고르시오.

06 집 당
① 堂　② 室　③ 家　④ 安

07 팔 매
① 买　② 劳　③ 实　④ 卖

08 사랑 애
① 贵　② 爱　③ 顺　④ 习

09 일 업
① 別　② 然　③ 業　④ 事

10 옷 복
① 爸　② 服　③ 妈　④ 衣

[11~15] 다음 훈과 음에 해당하는 한자와 그 간체자가 바르게 짝지어진 것을 고르시오.

11 때 시
① 動 = 动　② 勝 = 胜
③ 訓 = 训　④ 時 = 时

12 손자 손
① 題 = 题　② 孫 = 孙
③ 當 = 当　④ 過 = 过

13 지낼 력
① 紙 = 纸　② 級 = 级
③ 歷 = 历　④ 發 = 发

14 구름 운
① 雲 = 云　② 開 = 开
③ 電 = 电　④ 頭 = 头

15 이름 호
① 號 = 号　② 語 = 语
③ 線 = 线　④ 話 = 话

[16~18] 다음 한자와 뜻이 반대 또는 상대되는 한자를 고르시오.

16 始
① 古　② 木　③ 末　④ 分

17 强
① 半 ② 弱 ③ 市 ④ 再

18 曲
① 品 ② 野 ③ 特 ④ 直

[19~21] 다음 한자와 뜻이 같거나 비슷한 한자를 고르시오.

19 貴
① 高 ② 童 ③ 使 ④ 信

20 亡
① 羊 ② 死 ③ 步 ④ 先

21 考
① 育 ② 成 ③ 量 ④ 思

[22~24] 다음 밑줄 친 낱말의 뜻을 가진 한자를 고르시오.

22 해가 구름 속으로 <u>사라졌다</u>.
① 消 ② 和 ③ 音 ④ 草

23 그는 자주 흙바닥에 <u>그림</u>을 그리곤 했다.
① 書 ② 畵 ③ 物 ④ 老

24 칼에 벤 자국에서 <u>피</u>가 흐르기 시작했다.
① 江 ② 洞 ③ 血 ④ 己

[25~27] 다음 뜻을 가진 한자어를 고르시오.

25 가벼움과 무거움.
① 遠近 ② 勞使 ③ 輕重 ④ 主客

26 느끼어 아는 것.
① 知性 ② 知能 ③ 共感 ④ 感知

27 칭찬을 받을 만큼 아름답고 훌륭한 태도.
① 德分 ② 道德 ③ 美德 ④ 感動

[28~30] 다음 밑줄 친 한자어의 뜻을 고르시오.

28 그는 나와 생사 <u>苦樂</u>을 함께 했던 친구다.
① 괴로운 심경
② 괴로움과 즐거움
③ 몸이나 마음의 괴로움과 아픔
④ 마음이 아프도록 몹시 슬퍼함

29 한의원에 <u>藥材</u>를 공급하는 일을 한다.
① 약의 효험
② 약 짓는 재료
③ 서양에서 만든 약
④ 예술 작품의 바탕이 되는 재료

30 올해는 감자 농사가 <u>凶作</u>이다.
① 처음으로 함
② 물건을 지어서 만듦
③ 좋은 일과 언짢은 일
④ 농사가 잘 안되어 생산량이 아주 적음

4회 예상문제 5급

단답형 [31~100]

[31~40] 다음 한자의 훈과 음을 쓰시오.
(31~40번은 간체자 표기임)

예시: 一 → 한 일

31 儿
32 体
33 间
34 鱼
35 公
36 西
37 放
38 角
39 秋
40 宿
41 可
42 的
43 展
44 式
45 京
46 利
47 朴
48 毛
49 代
50 待

[51~70] 다음 한자어의 독음을 쓰시오.
(51~60번은 간체자 표기임)

예시: 天地 → 천지

51 顺理
52 史记
53 落后
54 决定
55 结果
56 绿地
57 诗集
58 清算
59 夕阳
60 渔村
61 交流
62 限界
63 李花
64 形便
65 食堂
66 例外
67 所以
68 部族
69 不良
70 野生

[71~75] 다음 한자를 간체자로 바꿔 쓰시오.

보기: 场 亿 医 乙 数 无 酉

71 數
72 億
73 醫
74 無
75 場

[76~80] 다음 간체자를 번체자로 바꿔 쓰시오.

보기: 禮 園 戰 圖 車 藥 國

76 车
77 战
78 礼
79 图
80 药

[81~82] 다음 한자의 부수를 쓰시오.

예시: 室 → 宀

81 勇
82 綠

[83~85] 다음 뜻을 가진 사자성어를 〈보기〉에서 찾아 한글로 쓰시오.

 보기
人命在天　知行合一
八方美人　敬天愛人
言行相反　天下第一

83 여러 방면에 능통한 사람을 비유적으로 이르는 말.

84 하는 말과 하는 짓이 서로 반대됨.

85 지식과 행동이 서로 맞음.

[86~95] 다음 밑줄 친 한자어의 독음을 쓰시오.

 예시
漢字를 익힐 때는 여러 가지의 훈과 음에 유의해야 합니다. ➡ 한자

86 奉仕는 어떠한 대가도 바라지 않는 것이다.

87 이번 사건으로 국민들이 失意에 빠졌다.

88 문법에 어긋나는 文章 몇 개를 고쳤다.

89 마라톤 대회 參加 신청은 어디서 하나요?

90 아빠는 洋服 한 벌을 새로 맞추셨다.

91 목표를 이루기 위해서는 끈기가 必要하다.

92 오늘 하루는 不幸의 연속이었다.

93 두 강의 合流 지점에 공업 도시가 발달했다.

94 우리 모임의 根本 원칙은 다음과 같습니다.

95 이번 사태에 대해 정부 당국자들은 自省해야 할 것이다.

96~100] 다음 문장의 내용에 맞게 밑줄 친 한자어를 쓰시오.

 예시
한자를 쓸 때는 순서에 유의해야 합니다. ➡ 漢字

96 높은 산일수록 공기가 희박하다.

97 등교 시간에 늦지 않게 부랴부랴 뛰어갔다.

98 오빠는 가수의 꿈을 포기하지 않는다.

99 외국 유명 상표가 달린 상품이 수입되었다.

100 그는 다소 흥분해 있었다.

선택형 [1~30]

[1~5] 다음 한자에 해당하는 훈과 음을 고르시오.

01 根
① 수풀 림　② 무리 등
③ 노래 가　④ 뿌리 근

02 題
① 머리 혈　② 올 래
③ 제목 제　④ 짧을 단

03 卒
① 병사 졸　② 올 래
③ 자리 위　④ 절반 반

04 今
① 합할 합　② 세상 세
③ 서녘 서　④ 이제 금

05 重
① 양 양　② 무거울 중
③ 풀 초　④ 평평할 평

[6~10] 다음 훈과 음에 해당하는 한자를 고르시오.

06 그칠 지
① 意　② 休　③ 止　④ 春

07 더할 가
① 加　② 歌　③ 可　④ 如

08 잠잘 숙
① 百　② 宿　③ 安　④ 度

09 글 장
① 史　② 文　③ 書　④ 章

10 볕 양
① 等　② 陽　③ 勇　④ 洋

[11~15] 다음 훈과 음에 해당하는 한자와 그 간체자가 바르게 짝지어진 것을 고르시오.

11 창문 창
① 醫 = 医　② 習 = 习
③ 窓 = 窗　④ 藥 = 药

12 억 억
① 參 = 参　② 億 = 亿
③ 現 = 现　④ 動 = 动

13 마실 음
① 飮 = 饮　② 孫 = 孙
③ 勞 = 劳　④ 輕 = 轻

14 푸를 록
① 結 = 结　② 發 = 发
③ 戰 = 战　④ 綠 = 绿

15 나눌 구
① 樂 = 乐　② 區 = 区
③ 晝 = 书　④ 晝 = 昼

[16~18] 다음 한자와 뜻이 반대 또는 상대되는 한자를 고르시오.

16 賣
① 貝　② 見　③ 音　④ 買

17 客
① 住　② 主　③ 男　④ 六

18 吉
① 凶　② 農　③ 每　④ 聞

[19~21] 다음 한자와 뜻이 같거나 비슷한 한자를 고르시오.

19 訓
① 敎　② 外　③ 白　④ 詩

20 衣
① 文　② 弱　③ 服　④ 言

21 圖
① 野　② 晝　③ 書　④ 畫

[22~24] 다음 밑줄 친 낱말의 뜻을 가진 한자를 고르시오.

22 이 반지 <u>모양</u>이 정말 예쁘다.
① 者　② 注　③ 形　④ 失

23 우리 <u>고을</u>은 물이 좋아서인지 장수하는 사람이 많다.
① 州　② 東　③ 道　④ 本

24 그는 세미나에서 자신의 이론을 마음껏 <u>펼쳤다</u>.
① 品　② 展　③ 材　④ 例

[25~27] 다음 뜻을 가진 한자어를 고르시오.

25 자기 자신의 태도나 행동을 스스로 반성함.
① 自責　② 使命　③ 自省　④ 問責

26 뜻한 것이 이루어짐.
① 成功　② 功臣　③ 成果　④ 形成

27 처음 단계나 수준.
① 當初　② 初步　③ 年初　④ 行步

[28~30] 다음 밑줄 친 한자어의 뜻을 고르시오.

28 대통령은 그를 <u>特使</u>로 중국에 파견하였다.
① 보통과 다름
② 사자로서 받은 명령
③ 다른 것과는 특별히 다름
④ 특별한 임무를 띠고 파견하는 사절

29 백설 공주는 <u>童話</u> 속에 나오는 여주인공이다.
① 어린 아이
② 말을 서로 주고받음
③ 어린이를 위해 지은 이야기
④ 전화기를 이용하여 서로 이야기 함

30 에디슨은 전구를 <u>發明</u>했다.
① 물건을 만듦
② 일의 결과가 잘 맺어짐
③ 일정한 목적과 계획 아래 하는 일
④ 전에 없던 것을 생각하거나 만들어 냄

5회 예상문제 5급

단답형 [31~100]

[31~40] 다음 한자의 훈과 음을 쓰시오.
(31~40번은 간체자 표기임)

예시: 一 ➡ 한 일

31 爸
32 冰
33 树
34 黑
35 角
36 集
37 洋
38 胜
39 河
40 典
41 充
42 才
43 失
44 度
45 思
46 昨
47 速
48 界
49 格
50 要

[51~70] 다음 한자어의 독음을 쓰시오.
(51~60번은 간체자 표기임)

예시: 天地 ➡ 천지

51 实习
52 数学
53 身体
54 历史
55 堂堂
56 当落
57 爱好
58 四角
59 事例
60 安定
61 以外
62 服用
63 相反
64 消化
65 道德
66 表明
67 原油
68 共感
69 能通
70 注意

[71~75] 다음 한자를 간체자로 바꿔 쓰시오.

보기: 实 园 远 线 轻 儿 国

71 輕
72 園
73 線
74 實
75 兒

[76~80] 다음 간체자를 번체자로 바꿔 쓰시오.

보기: 賣 讀 雲 頭 過 對 會

76 对
77 头
78 过
79 会
80 读

[81~82] 다음 한자의 부수를 쓰시오.

예시: 室 ➡ 宀

81 病
82 止

[83~85] 다음 뜻을 가진 사자성어를 〈보기〉에서 찾아 한글로 쓰시오.

보기: 交友以信　百年河淸　萬事如意　千萬多幸　事親以孝　百讀百習

83 어떤 일이 뜻밖에 잘 풀려 몹시 좋음.

84 효도로써 어버이를 섬김.

85 중국의 황하(黃河)가 늘 흐려 맑을 때가 없다는 뜻으로, 아무리 기다려도 이루어지기 어려움을 뜻함.

[86~95] 다음 밑줄 친 한자어의 독음을 쓰시오.

예시: 漢字를 익힐 때는 여러 가지의 훈과 음에 유의해야 합니다. ➡ 한자

86 전년도보다 오른 가격으로 告示되었다.

87 이 기계는 바람개비를 이용하여 風速을 잰다.

88 나는 다친 팔의 再活 치료에만 몰두했다.

89 法院으로부터 무죄 확정 판결을 받았다.

90 동대문 시장은 夜間에도 중국 관광객들로 붐빈다.

91 환경을 보호하는 일은 우리 모두의 課題이다.

92 우리 팀은 國旗를 흔들며 응원했다.

93 전통과 因習은 구별되어야 합니다.

94 가장 많은 매출을 올린 分野는 음료 사업이다.

95 이번 시험에서 落第하면 취업을 할 생각이다.

[96~100] 다음 문장의 내용에 맞게 밑줄 친 한자어를 쓰시오.

예시: 한자를 쓸 때는 순서에 유의해야 합니다. ➡ 漢字

96 긴 기간의 작별을 아쉬워했다.

97 누나는 남성적 성향이 강하다.

98 물을 주지 않아 식물들이 말라 죽었다.

99 교복을 공동으로 구매해서 값이 훨씬 쌌다.

100 열차 안은 추석으로 고향 가는 사람들로 가득했다.

예상문제 정답

1회 164쪽

01 ③	02 ①	03 ④
04 ②	05 ④	06 ③
07 ①	08 ④	09 ②
10 ④	11 ②	12 ①
13 ③	14 ④	15 ③
16 ②	17 ④	18 ①
19 ③	20 ①	21 ④
22 ④	23 ①	24 ①
25 ②	26 ①	27 ③
28 ②	29 ④	30 ③
31 이로울 리	32 아이 동	33 사람 자
34 걸음 보	35 이룰 성	36 집 원
37 일할 로	38 차례 제	39 과목 과
40 대답할 답	41 성씨 성	42 아침 조
43 고을 군	44 굽을 곡	45 씻을 세
46 새로울 신	47 편할 편	48 집 당
49 같을 여	50 가까울 근	51 계산
52 등급	53 설야	54 임의
55 충족	56 이전	57 지혈
58 재야	59 근원	60 이유
61 길흉	62 적중	63 법정
64 특별	65 재생	66 신봉
67 한계	68 가속	69 사고
70 원인	71 纸	72 习
73 头	74 直	75 順
76 術	77 親	78 國
79 責	80 萬	81 广
82 八	83 청풍명월	84 교학상장
85 십년지기	86 성능	87 망신
88 주목	89 대표	90 공식
91 빙상	92 중요	93 가족
94 졸병	95 적자	96 行事
97 部位	98 合心	99 外面
100 先行		

2회 168쪽

01 ①	02 ②	03 ④
04 ③	05 ③	06 ②
07 ④	08 ①	09 ④
10 ②	11 ③	12 ②
13 ①	14 ②	15 ④
16 ①	17 ③	18 ②
19 ④	20 ②	21 ①
22 ②	23 ④	24 ③
25 ④	26 ①	27 ③
28 ③	29 ②	30 ④
31 맺을 결	32 마실 음	33 열 개
34 말씀 어	35 예도 례	36 귀할 귀
37 옷 복	38 오얏 리	39 순박할 박
40 붉을 적	41 고기 육	42 서울 경
43 여름 하	44 나눌 분	45 남녘 남
46 그럴 연	47 겨레 족	48 아우 제
49 법 법	50 골 동	51 가동
52 두각	53 다복	54 운집
55 학습	56 문신	57 공신
58 동시	59 사기	60 노선
61 공공	62 예시	63 고대
64 세계	65 초원	66 덕분
67 촌락	68 빙설	69 임야
70 유전	71 窓	72 电
73 树	74 对	75 见
76 軍	77 決	78 兒
79 訓	80 藥	81 氵(水)
82 尸	83 대대손손	84 정정당당
85 천하일품	86 화약	87 숙식
88 지구	89 반성	90 필독
91 품격	92 감동	93 실업
94 교정	95 유통	96 同時
97 多急	98 工事	99 每番
100 市民		

3회 172쪽

01 ②	02 ①	03 ③
04 ③	05 ④	06 ②
07 ④	08 ①	09 ②
10 ③	11 ①	12 ③
13 ②	14 ④	15 ③
16 ④	17 ②	18 ②
19 ③	20 ②	21 ①
22 ④	23 ①	24 ③
25 ③	26 ①	27 ④
28 ④	29 ③	30 ①

31 부르짖을, 이름 호 32 사람 자
33 맑을 청 34 언덕 원 35 종이 지
36 하여금, 부릴 사 37 병사 병 38 차례 제
39 엄마 마 40 아빠 파 41 반드시 필
42 그칠 지 43 고을 군 44 자리 석
45 씻을 세 46 덕 덕 47 물 하
48 될 화 49 능할 능 50 매우 흔
51 졸업 52 향후 53 경례
54 수립 55 승리 56 수술
57 발병 58 작동 59 순위
60 문제 61 병원 62 망명
63 봉사 64 요인 65 목적
66 야구 67 작곡 68 격언
69 흑심 70 사유 71 歷
72 習 73 愛 74 當
75 远 76 直 77 園
78 勞 79 畫 80 後
81 羊 82 糸 83 이실직고
84 다재다능 85 백발백중 86 주유
87 재개 88 자연 89 자원
90 영국 91 특별 92 여전
93 경의 94 태양 95 통신
96 安全 97 方面 98 外交
99 來日 100 生色

4회 176쪽

01 ②	02 ①	03 ③
04 ④	05 ③	06 ①
07 ④	08 ②	09 ③
10 ②	11 ④	12 ②
13 ③	14 ①	15 ①
16 ③	17 ②	18 ④
19 ①	20 ②	21 ④
22 ①	23 ②	24 ③
25 ③	26 ④	27 ③
28 ②	29 ②	30 ④

31 아이 아 32 몸 체 33 사이 간
34 고기 어 35 공평할 공 36 서녘 서
37 놓을 방 38 뿔 각 39 가을 추
40 잠잘 숙 41 옳을 가 42 과녁 적
43 펼 전 44 법 식 45 서울 경
46 이로울 리 47 순박할 박 48 털 모
49 대신 대 50 기다릴 대 51 순리
52 사기 53 낙후 54 결정
55 결과 56 녹지 57 시집
58 청산 59 석양 60 어촌
61 교류 62 한계 63 이화
64 형편 65 식당 66 예외
67 소이 68 부족 69 불량
70 야생 71 數 72 億
73 醫 74 無 75 場
76 車 77 戰 78 禮
79 圖 80 藥 81 力
82 糸 83 팔방미인 84 언행상반
85 지행합일 86 봉사 87 실의
88 문장 89 참가 90 양복
91 필요 92 불행 93 합류
94 근본 95 자성 96 空氣
97 登校 98 歌手 99 有名
100 多少

5회   180쪽

01 ④   02 ③   03 ①
04 ④   05 ②   06 ③
07 ①   08 ②   09 ④
10 ②   11 ③   12 ②
13 ①   14 ④   15 ②
16 ④   17 ②   18 ①
19 ①   20 ③   21 ④
22 ③   23 ①   24 ②
25 ③   26 ①   27 ②
28 ④   29 ③   30 ④
31 아빠 파   32 얼음 빙   33 나무 수
34 검을 흑   35 뿔 각   36 모을 집
37 바다 양   38 이길 승   39 물 하
40 법 전   41 채울 충   42 재주 재
43 잃을 실   44 법도 도   45 생각 사
46 어제 작   47 빠를 속   48 지경 계
49 격식 격   50 구할 요   51 실습
52 수학   53 신체   54 역사
55 당당   56 당락   57 애호
58 사각   59 사례   60 안정
61 이외   62 복용   63 상반
64 소화   65 도덕   66 표명
67 원유   68 공감   69 능통
70 주의   71 轻   72 园
73 线   74 实   75 儿
76 對   77 頭   78 過
79 會   80 讀   81 广
82 止   83 천만다행   84 사친이효
85 백년하청   86 고시   87 풍속
88 재활   89 법원   90 야간
91 과제   92 국기   93 인습
94 분야   95 낙제   96 作別
97 性向   98 植物   99 共同
100 秋夕

HNK 한자능력시험 답안지

응시급수	1급	2급	3급	4급	5급	5II급	6급	7급	8급
	○	○	○	○	○	○	○	○	○

성 명

유의사항

1. 모든 표기 및 답안 작성은 지워지지 않는 검정색 필기구를 사용해야 합니다.
2. 바르지 못한 표기를 하였거나 불필요한 표기를 하였을 경우 불이익을 받을 수 있습니다.
3. 표기가 잘못되었을 경우는 수정테이프로 깨끗이 지운 후 다시 칠하거나 쓰십시오.
4. 수험번호를 바르게 표기합니다.
5. 응시급수, 수험번호 및 선택형 답안의 'O' 안에 표기는 컴퓨터용 펜을 사용하여 〈보기〉와 같이 칠해야 합니다.

〈보기〉 ● ⊙ ⊘ ○ × × ×

감독위원 확인란 (※수험생은 표기하지 말 것)

결시자 표기 — 결시자의 수험번호를 쓰고 아래에 표기 ○

감독위원 서명 — 성명, 수험번호 표기가 정확한지 확인 후 서명 또는 날인

수험번호

0	A	0	0	0	0	0	0	0	0	0
1	B	1	1	1	1	1	1	1	1	1
2		2	2	2	2	2	2	2	2	2
3		3	3	3	3	3	3	3	3	3
4		4	4	4	4	4	4	4	4	4
5		5	5	5	5	5	5	5	5	5
6		6	6	6	6	6	6	6	6	6
7		7	7	7	7	7	7	7	7	7
8		8	8	8	8	8	8	8	⑧	8
9		9	9	9	9	9	9	9	9	9

재점위원

조심 — 재심

득점문항수

선택형 (1~30)

1	① ② ③ ④
2	① ② ③ ④
3	① ② ③ ④
4	① ② ③ ④
5	① ② ③ ④
6	① ② ③ ④
7	① ② ③ ④
8	① ② ③ ④
9	① ② ③ ④
10	① ② ③ ④
11	① ② ③ ④
12	① ② ③ ④
13	① ② ③ ④
14	① ② ③ ④
15	① ② ③ ④
16	① ② ③ ④
17	① ② ③ ④
18	① ② ③ ④
19	① ② ③ ④
20	① ② ③ ④
21	① ② ③ ④
22	① ② ③ ④
23	① ② ③ ④
24	① ② ③ ④
25	① ② ③ ④
26	① ② ③ ④
27	① ② ③ ④
28	① ② ③ ④
29	① ② ③ ④
30	① ② ③ ④

단답형 (31~50)

31	○	41	○
32	○	42	○
33	○	43	○
34	○	44	○
35	○	45	○
36	○	46	○
37	○	47	○
38	○	48	○
39	○	49	○
40	○	50	○

▲ 51번부터는 뒷면에 답안을 작성합니다.

단답형 (51~100)

중국교육부 국가한판

HNK
한중상용한자능력시험 공식교재

신나는 한자

5급 쓰기노트

(사)한중문자교류협회 연구소 편저

학교　　이름

간체자, 이렇게 쓰면 쉬워요!

한자의 필순은 점과 획을 어떤 순서로 쓰는지를 말하는 거예요.
빠르고 편하게 쓰기 위해서 자연스럽게 나온 것으로 다음 같은 원칙이 있어요.
필순을 따르지 않고 거꾸로 써 보면 어떨까요?
자연스럽지 않고 불편하고 시간도 많이 걸릴 거예요.
하지만 필순을 꼭 외울 필요는 없어요. 자꾸 쓰다 보면 저절로 익숙해지니까요.
간체자 쓰기, 어렵지 않아요!

- 가로 획과 세로 획이 있을 때는 가로획부터 씁니다. (예: '흙 토')

  土 土 土

- 삐침과 파임이 있을 때는 삐침부터 씁니다. (예: '큰 대')

  大 大 大

- 상하 구조의 것은 위에서부터 아래로 씁니다. (예: '석 삼')

  三 三 三

- 왼쪽에서 오른쪽으로 씁니다. (예: '내 천')

  川 川 川

- 바깥의 것을 먼저 쓰고 안쪽의 것을 나중에 씁니다. (예: '같을 동')

  同 同 同 同 同 同

- 안쪽의 것을 먼저 쓰고 바깥쪽의 것(받침)을 나중에 씁니다. (예: '통할 통')

  通 通 通 通 通 通 通 通 通 通

- 둘레를 먼저 쓰고 안쪽의 것을 나중에 씁니다. (예: '넉 사')

  四 四 四 四 四

5II급, 5급 간체자 훈음 읽기 연습

角	间	开	车	见	决	结	轻	计
过	教	区	国	军	贵	级	记	气
农	当	对	图	读	东	动	头	乐
来	历	礼	劳	绿	马	吗	妈	万
买	卖	无	门	闻	问	们	发	别
冰	书	线	孙	树	数	顺	术	习
胜	诗	时	植	实	儿	爱	药	阳
鱼	渔	语	亿	业	温	云	运	园
远	银	饮	医	者	长	场	电	战
题	昼	纸	直	参	窗	责	体	青
亲	贝	风	学	韩	汉	现	页	号
画	话	黄	会	后	训	过	农	电

5II급, 5급 간체자 쓰기 연습

셀 계	가벼울 경	맺을 결	결정할 결	볼 견	수레 차 수레 거	열 개	사이 간	뿔 각
기운 기	기록할 기	등급 급	귀할 귀	군사 군	나라 국	나눌 구	가르칠 교	지날 과
즐길 락 노래 악 좋아할 요	머리 두	움직일 동	동녘 동	읽을 독	그림 도	대답할 대	마땅할 당	농사 농
일만 만	엄마 마	(의문조사) 마	말 마	푸를 록	일할 로	예도 례	지낼 력	올 래
다를 별	필 발	들(무리) 문	물을 문	들을 문	문 문	없을 무	팔 매	살 매
익힐 습	재주 술	순할 순	셈 수	나무 수	손자 손	줄 선	글 서	얼음 빙
볕 양	약 약	사랑 애	아이 아	열매 실	심을 식	때 시	글 시	이길 승
동산 원	옮길 운	구름 운	따뜻할 온	일 업	억 억	말씀 어	고기 잡을 어	고기 어
싸움 전	번개 전 전기	마당 장	어른 길 장	사람 자	의원 의	마실 음	은 은	멀 원
푸를 청	몸 체	꾸짖을 책	창문 창	참여할 참	곧을 직	종이 지	낮 주	제목 제
부르짖을 호	머리 혈 페이지 엽	나타날 현	중국 한수 한	한국 한	배울 학	바람 풍	조개 패	친할 친
번개 전기 전	농사 농	지날 과	가르칠 훈	뒤 후	모일 회	누를 황	말씀 화	그림 화

5Ⅱ급 간체자 쓰기 연습

開 = 开	开	开	开	开	开
열 개 kāi					

見 = 见	见	见	见	见	见
볼 견 jiàn / xiàn					

計 = 计	计	计	计	计	计
셀 계 jì					

區 = 区	区	区	区	区	区
나눌 구 qū					

當 = 当	当	当	当	当	当
마땅할 당 dāng / dàng					

對 = 对	对	对	对	对	对
대답할 대 duì					

圖 = 图	图	图	图	图	图
그림 도 tú					

讀 = 读	读	读	读	读	读
읽을 독　dú					

頭 = 头	头	头	头	头	头
머리 두　tóu					

樂 = 乐	乐	乐	乐	乐	乐
즐길 락　lè 노래 악　yuè 좋아할 요　yào					

禮 = 礼	礼	礼	礼	礼	礼
예도 례　lǐ					

無 = 无	无	无	无	无	无
없을 무　wú					

聞 = 闻	闻	闻	闻	闻	闻
들을 문　wén					

別 = 别	别	别	别	别	别
다를 별　bié					

5Ⅱ급 간체자 쓰기 연습

書 = 书	书 书 书 书 书 书 书 书
글 서 shū	

線 = 线	线 线 线 线 线 线 线 线 线 线
줄 선 xiàn	

詩 = 诗	诗 诗 诗 诗 诗 诗 诗 诗 诗 诗
글 시 shī	

運 = 运	运 运 运 运 运 运 运 运 运
옮길 운 yùn	

遠 = 远	远 远 远 远 远 远 远 远 远
멀 원 yuǎn	

銀 = 银	银 银 银 银 银 银 银 银 银 银 银 银 银
은 은 yín	

晝 = 昼	昼 昼 昼 昼 昼 昼 昼 昼 昼 昼 昼 昼
낮 주 zhòu	

7

5Ⅱ급 간체자 쓰기 연습

直 = 直	直	直	直	直	直
곧을 직　zhí					

親 = 亲	亲	亲	亲	亲	亲
친할 친　qīn					

貝 = 贝	贝	贝	贝	贝	贝
조개 패　bèi					

風 = 风	风	风	风	风	风
바람 풍　fēng					

話 = 话	话	话	话	话	话
말씀 화　huà					

黃 = 黄	黄	黄	黄	黄	黄
누를 황　huáng					

會 = 会	会	会	会	会	会
모일 회　huì / kuài					

5급 간체자 쓰기 연습

角 = 角	角	角	角	角	角
뿔 각 jiǎo					

決 = 决	决	决	决	决	决
결정할 결 jué					

結 = 结	结	结	结	结	结
맺을 결 jié					

輕 = 轻	轻	轻	轻	轻	轻
가벼울 경 qīng					

過 = 过	过	过	过	过	过
지날, 허물 과 guò					

貴 = 贵	贵	贵	贵	贵	贵
귀할 귀 guì					

級 = 级	级	级	级	级	级
등급 급 jí					

動 = 动	动	动	动	动	动
움직일 동　dòng					

曆 = 历	历	历	历	历	历
지낼 력　lì					

勞 = 劳	劳	劳	劳	劳	劳
일할 로　láo					

綠 = 绿	绿	绿	绿	绿	绿
푸를 록　lǜ					

媽 = 妈	妈	妈	妈	妈	妈
엄마 마　mā					

買 = 买	买	买	买	买	买
살 매　mǎi					

賣 = 卖	卖	卖	卖	卖	卖
팔 매　mài					

5급 간체자 쓰기 연습

發 = 发	发	发	发	发	发
필발　fā					

氷 = 冰	冰	冰	冰	冰	冰
얼음 빙　bīng					

孫 = 孙	孙	孙	孙	孙	孙
손자 손　sūn					

數 = 数	数	数	数	数	数
셈 수　shǔ,shù					

樹 = 树	树	树	树	树	树
나무 수　shù					

順 = 顺	顺	顺	顺	顺	顺
순할 순　shùn					

術 = 术	术	术	术	术	术
재주 술　shù					

習 = 习	习	习	习	习	习
익힐 습　xí					

勝 = 胜	胜	胜	胜	胜	胜
이길 승　shèng					

實 = 实	实	实	实	实	实
열매 실　shí					

兒 = 儿	儿	儿	儿	儿	儿
아이 아　ér					

愛 = 爱	爱	爱	爱	爱	爱
사랑 애　ài					

藥 = 药	药	药	药	药	药
약 약　yào					

陽 = 阳	阳	阳	阳	阳	阳
볕 양　yáng					

5급 간체자 쓰기 연습

漁 = 渔	渔 渔 渔 渔 渔
고기 잡을 어　yú	

億 = 亿	亿 亿 亿 亿 亿
억 억　yì	

業 = 业	业 业 业 业 业
일 업　yè	

溫 = 温	温 温 温 温 温
따뜻할 온　wēn	

雲 = 云	云 云 云 云 云
구름 운　yún	

園 = 园	园 园 园 园 园
동산 원　yuán	

飮 = 饮	饮 饮 饮 饮 饮
마실 음　yǐn	

번체	간체					
醫 의원 의	医 yī	医	医	医	医	医
者 사람 자	者 zhě	者	者	者	者	者
戰 싸움 전	战 zhàn	战	战	战	战	战
題 제목 제	题 tí	题	题	题	题	题
紙 종이 지	纸 zhǐ	纸	纸	纸	纸	纸
參 참여할 참	参 cān	参	参	参	参	参
窓 창문 창	窗 chuāng	窗	窗	窗	窗	窗

5급 간체자 쓰기 연습

번체 = 간체	쓰기 연습
責 = 责 꾸짖을 책 zé	责 责 责 责 责
體 = 体 몸 체 tǐ	体 体 体 体 体
現 = 现 나타날 현 xiàn	现 现 现 现 现
號 = 号 부르짖을 호 háo	号 号 号 号 号
畫 = 画 그림 화 huà	画 画 画 画 画
訓 = 训 가르칠 훈 xùn	训 训 训 训 训

한국에서도 중국에서도 자주 만나는 낱말 익히기

感動 = 感动	感動	感动
감동　　gǎn dòng		

開放 = 开放	開放	开放
개방　　kāi fàng		

開始 = 开始	開始	开始
개시　　kāi shǐ		

見聞 = 见闻	見聞	见闻
견문　　jiàn wén		

結果 = 结果	結果	结果
결과　　jié guǒ		

曲線 = 曲线	曲線	曲线
곡선　　qū xiàn		

公園 = 公园	公園	公园
공원　　gōng yuán		

번체	간체	쓰기	쓰기
過度 = 过度		過度	过度
과도	guò dù		
教訓 = 教训		教訓	教训
교훈	jiào xùn		
區分 = 区分		區分	区分
구분	qū fēn		
當時 = 当时		當時	当时
당시	dāng shí		
當然 = 当然		當然	当然
당연	dāng rán		
對話 = 对话		對話	对话
대화	duì huà		
圖書 = 图书		圖書	图书
도서	tú shū		

歷史 = 历史	历历历历/史史史史史		
역사	lì shǐ	歷史	历史

禮物 = 礼物	礼礼礼礼礼/物物物物物物物		
예물	lǐ wù	禮物	礼物

勞動 = 劳动	劳劳劳劳劳劳劳/动动动动动动		
노동	láo dòng	勞動	劳动

綠色 = 绿色	绿绿绿绿绿绿绿绿绿绿绿/色色色色色色		
녹색	lǜ sè	綠色	绿色

買入 = 买入	买买买买买买/入入		
매입	mǎi rù	買入	买入

無知 = 无知	无无无无/知知知知知知知知		
무지	wú zhī	無知	无知

問題 = 问题	问问问问问问/题题题题题题题题题题题题题题		
문제	wèn tí	問題	问题

한국에서도 중국에서도 자주 만나는 낱말 익히기

發展 = 发展	發展	发展
발전　　fā zhǎn		

方便 = 方便	方便	方便
방편　　fāng biàn		

放學 = 放学	放學	放学
방학　　fàng xué		

社會 = 社会	社會	社会
사회　　shè huì		

成語 = 成语	成語	成语
성어　　chéng yǔ		

新聞 = 新闻	新聞	新闻
신문　　xīn wén		

身體 = 身体	身體	身体
신체　　shēn tǐ		

實在 = 实在	實在	实在
실재 shí zài		

愛好 = 爱好	愛好	爱好
애호 ài hǎo		

漁民 = 渔民	漁民	渔民
어민 yú mín		

永遠 = 永远	永遠	永远
영원 yǒng yuǎn		

運用 = 运用	運用	运用
운용 yùn yòng		

運行 = 运行	運行	运行
운행 yùn xíng		

銀行 = 银行	銀行	银行
은행 yín háng		

한국에서도 중국에서도 자주 만나는 낱말 익히기

音音音音音音音音音/乐乐乐乐乐

| 音樂 = 音乐 | 音樂 | 音乐 |
| 음악　　yīn yuè | | |

医医医医医医医/院院院院院院院院院院

| 醫院 = 医院 | 醫院 | 医院 |
| 의원　　yī yuàn | | |

作作作作作作作/业业业业业

| 作業 = 作业 | 作業 | 作业 |
| 작업　　zuò yè | | |

电电电电电/话话话话话话话话

| 電話 = 电话 | 電話 | 电话 |
| 전화　　diàn huà | | |

昼昼昼昼昼昼昼昼昼/夜夜夜夜夜夜夜夜

| 晝夜 = 昼夜 | 晝夜 | 昼夜 |
| 주야　　zhòu yè | | |

地地地地地地/区区区区

| 地區 = 地区 | 地區 | 地区 |
| 지구　　dì qū | | |

地地地地地地/图图图图图图图

| 地圖 = 地图 | 地圖 | 地图 |
| 지도　　dì tú | | |

參加 = 参加	参加	参加
참가　　cān jiā		

窗口 = 窗口	窗口	窗口
창구　　chuāng kǒu		

出現 = 出现	出现	出现
출현　　chū xiàn		

太陽 = 太阳	太陽	太阳
태양　　tài yáng		

特別 = 特别	特别	特别
특별　　tè bié		

風光 = 风光	風光	风光
풍광　　fēng guāng		

學習 = 学习	學習	学习
학습　　xué xí		

한국에서도 중국에서도 자주 만나는 낱말 익히기

漢語 = 汉语		漢語	汉语
한어	hàn yǔ		
幸福 = 幸福		幸福	幸福
행복	xìng fú		
現金 = 现金		現金	现金
현금	xiàn jīn		
現在 = 现在		現在	现在
현재	xiàn zài		
和平 = 和平		和平	和平
화평	hé píng		
黃河 = 黄河		黃河	黄河
황하	huáng hé		
會計 = 会计		會計	会计
회계	kuài jì		

한국에서도, 중국에서도 자주 쓰이는 낱말을 찾아 적어 보세요.

=		
=		
=		
=		
=		
=		
=		